DISCLAIMER

The author and publisher are providing this book and its contents on an "as is" basis and make no representations or warranties of any kind with respect to this book or its contents. The author and publisher disclaim all such representations and warranties, including but not limited to warranties of merchantability. In addition, the author and publisher do not represent or warrant that the information accessible via this book is accurate, complete, or current.

Except as specifically stated in this book, neither the author nor publisher, nor any authors, contributors, or other representatives will be liable for damages arising out of or in connection with the use of this book. This is a comprehensive limitation of liability that applies to all damages of any kind, including (without limitation) compensatory; direct, indirect, or consequential damages; loss of data, income, or profit; loss of or damage to property; and claims of third parties.

This Book Comes With Free Bonus Puzzles
Available Here:

BestActivityBooks.com/WSBONUS20

5 TIPS TO START!

1) HOW TO SOLVE

The Puzzles are in a Classic Format:

- Words are hidden without breaks (no spaces, dashes, ...)
- Orientation: Forward & Backward, Up & Down or in Diagonal (can be in both directions)
- Words can overlap or cross each other

2) ACTIVE LEARNING

To encourage learning actively, a space is provided next to each word to write down the translation. The **DICTIONARY** allows you to verify and expand your knowledge. You can look up and write down each translation, find the words in the Puzzle then add them to your vocabulary!

3) TAG YOUR WORDS

Have you tried using a tag system? For example, you could mark the words which have been difficult to find with a cross, the ones you loved with a star, new words with a triangle, rare words with a diamond and so on...

4) ORGANIZE YOUR LEARNING

We also offer a convenient **NOTEBOOK** at the end of this edition.
Whether on vacation, travelling or at home, you can easily organize your new knowledge without needing a second notebook!

5) FINISHED?

Go to the bonus section: **MONSTER CHALLENGE** to find a free game offered at the end of this edition!

Want more fun and learning activities? It's **Fast and Simple!**
An entire Game Book Collection just **one click away!**

Find your next challenge at:

BestActivityBooks.com/MyNextWordSearch

Ready, Set... Go!

Did you know there are around 7,000 different languages in the world? Words are precious.

We love languages and have been working hard to make the highest quality books for you. Our ingredients?

A selection of indispensable learning themes, three big slices of fun, then we add a spoonful of difficult words and a pinch of rare ones. We serve them up with care and a maximum of delight so you can solve the best word games and have fun learning!

Your feedback is essential. You can be an active participant in the success of this book by leaving us a review. Tell us what you liked most in this edition!

Here is a short link which will take you to your order page.

BestBooksActivity.com/Review50

Thanks for your help and enjoy the Game!

Linguas Classics Team

1 - Antiques

```
K W H B Y X M X D J O D Y D P M
Y T Q E A U T É N T I C O É O E
N B B S C T P O Ó X R U Z C S F
L Z U T A X O P I R A Q E A W T
M F H I H I R Z C S I R R D I D
Y T D L T E O E A É L H P A N E
D E I O H G L X R C I P Y S V C
M Z E F W S A T U U B Z N E E O
F O V Y R J V W A L O B J S S R
R L E L K T I A T O M T P C T A
O L S D U M P L S J H F C U I T
O E T N A G E L E A W Q M L M I
R V L Z B S A Í R E L A G T E V
X A C D H P H X M G D R H U N O
D U R C A L I D A D E T Z R T S
V I L A W N R A K D T E J A O K
```

ARTE	INVESTIMENTO
POXA	XOIAS
AUTÉNTICO	VELLO
SÉCULO	PREZO
MOEDAS	CALIDADE
DÉCADAS	RESTAURACIÓN
DECORATIVOS	ESCULTURA
ELEGANTE	ESTILO
MOBILIARIO	RARA
GALERÍA	VALOR

2 - Food #1

```
G  Y  Q  A  J  E  Q  A  E  Y  D  Q  Y  I  O  V
P  E  R  A  L  K  A  T  Ú  N  X  E  T  I  E  L
C  A  C  A  H  U  E  T  E  L  W  U  C  N  W  N
T  U  A  U  O  G  L  M  M  H  B  Q  N  T  X  E
O  Z  V  Z  R  G  D  L  C  R  A  O  M  P  Q  A
O  X  B  K  G  Q  F  Q  E  K  D  C  X  S  X  Z
P  Q  L  H  S  E  O  V  E  K  G  I  S  Z  Y  U
S  O  P  A  C  A  N  I  P  S  E  R  V  W  A  C
C  P  O  N  S  E  A  L  B  A  H  A  C  A  L  R
A  R  K  V  A  S  D  I  O  Q  U  B  L  D  L  E
N  F  P  F  Q  I  A  C  R  B  E  L  D  A  O  L
E  X  S  C  J  G  B  I  E  O  U  A  K  L  Z  I
L  N  W  J  P  K  E  J  R  B  N  Q  N  A  U  M
A  T  U  V  Q  M  C  T  O  A  O  E  G  S  M  Ó
A  M  O  R  O  D  O  L  H  N  B  L  C  N  E  N
V  G  L  P  J  H  G  K  P  P  H  U  A  E  O  I
```

ALBARICOQUE	CACAHUETE
CEBADA	PERA
ALBAHACA	ENSALADA
CENORIA	SAL
CANELA	SOPA
ALLO	ESPINACA
ZUME	AMORODO
LIMÓN	AZUCRE
LEITE	ATÚN
CEBOLA	NABO

3 - Measurements

```
M I N U T O D S Z I B Z O E E M
A U V N O W E E D U T I X N O L
R Q M A W I S M C P E S O D R S
G U S W I G M U K I J X I S T U
L A N B K X A L S K M A N T E J
L Y E U C G Q O H C N A M V M N
G A Z E B W O V H B D K L E X H
P R Q U I L Ó M E T R O J R T S
U F A Z G U C E N T Í M E T R O
L V D O M A R G O L I U Q Y D T
G O A A L T U R A L O L I T R O
A V L B B Y T E F Z R N O G P K
D X E C C T M C F V E Z Z J T P
A P N W I N I L S X K Q C A F B
S Q O X W Z S V H E I L L F F R
X L T E E D A D I D N U F O R P
```

BYTE
CENTÍMETRO
DECIMAL
GRAO
PROFUNDIDADE
GRAM
ALTURA
PULGADAS
QUILOGRAMO
QUILÓMETRO

LONXITUDE
LITRO
MISA
METRO
MINUTO
ONZA
TONELADA
VOLUME
PESO
ANCHO

4 - Farm #2

```
A  K  U  A  P  F  L  T  H  B  F  S  T  G  K  Z
L  L  P  M  D  Z  E  V  R  L  U  R  K  I  G  G
I  V  W  B  J  O  I  E  O  A  E  K  O  C  J  H
M  H  O  R  T  O  T  X  T  Y  C  X  I  I  U  O
E  O  L  N  A  G  E  E  A  D  K  T  L  V  T  O
N  P  L  P  A  I  E  T  G  M  H  Q  O  Y  D  A
T  T  I  K  A  R  P  A  R  Y  K  I  E  R  T  D
O  K  M  Q  R  T  H  L  I  C  H  H  R  D  O  A
S  B  R  B  I  Q  O  N  C  O  D  A  R  P  F  B
I  U  E  X  E  F  M  O  U  R  O  S  Ó  T  N  E
A  W  G  B  M  M  I  Y  L  D  Y  H  H  H  H  C
M  K  A  B  L  E  E  V  T  E  O  V  E  L  L  A
I  N  C  Q  O  N  D  Y  O  I  M  A  D  U  R  A
N  R  G  F  C  O  P  V  R  R  L  X  B  J  S  P
A  C  U  K  E  S  G  Y  P  O  P  A  S  T  O  R
L  H  H  W  H  D  F  F  T  E  L  A  M  D  Y  M
```

ANIMAIS	CORDEIRO
CEBADA	PRADO
HÓRREO	LEITE
COLMEIRA	HORTO
MILLO	MADURA
PATO	OVELLA
AGRICULTOR	PASTOR
ALIMENTOS	TRACTOR
FROITA	VEXETAL
REGA	TRIGO

5 - Books

```
L  H  I  N  V  E  N  T  I  V  A  C  A  H  C  U
P  I  U  A  M  Q  L  P  S  M  P  G  G  N  N  Z
E  D  T  M  U  V  W  P  K  U  U  W  H  X  Q  D
R  U  D  E  Ó  P  Á  X  I  N  A  É  P  I  C  O
S  A  M  O  R  T  C  D  O  A  L  Q  A  M  L  B
O  L  I  P  O  A  I  O  Z  Q  L  A  V  E  I  M
N  I  Z  G  T  Í  R  C  N  A  A  M  E  H  K  M
A  D  D  M  U  S  C  I  O  T  T  W  N  X  W  O
X  A  I  D  A  E  T  R  O  S  O  J  T  X  C  S
E  D  T  T  V  O  N  O  V  E  L  A  U  C  M  F
E  E  Z  F  Q  P  F  T  Y  V  D  V  R  W  R  S
T  R  Á  X  I  C  O  C  U  O  S  E  A  F  B  F
Z  R  F  H  V  V  R  E  L  E  V  A  N  T  E  G
E  S  C  R  I  T  O  L  C  O  N  T  E  X  T  O
H  I  S  T  Ó  R  I  C  O  X  I  J  Y  I  Z  L
C  O  L  E  C  C  I  Ó  N  H  W  L  B  E  S  U
```

AVENTURA
AUTOR
PERSONAXE
COLECCIÓN
CONTEXTO
DUALIDADE
ÉPICO
HISTÓRICO
HUMÓTICOS
INVENTIVA

LITERARIO
NOVELA
PÁXINA
POEMA
POESÍA
LECTOR
RELEVANTE
CONTO
TRÁXICO
ESCRITO

6 - Meditation

```
A M L A C W H H C U X Z H K L P
V C N V M H A Á D R Q B W O H E
I N E W F U E B E S P E R T O N
T A D P O C K I E L B F B B Y S
C T A P T A Y T B O N D A D E A
E U D V A A K O I C N E L I S M
P R I R S Z C S F J Ó D B E S E
S E C H K B Z I K E I U P F E N
R Z I W M P F D Ó X C T Y X W T
E A L Q Z U D T V N N I S X Z O
P B E M Ú S I C A K E T N E M S
P A F J F Z X V P S T A Z M I C
E M O C I Ó N S M J A R U L Z X
R E S P I R A C I Ó N G H X Q J
C L A R I D A D E M E N T A L Z
B H B U A P R E N D E R N V E B
```

ACEPTACIÓN	BONDADE
ATENCIÓN	MENTAL
ESPERTO	MENTE
RESPIRACIÓN	MÚSICA
CALMA	NATUREZA
CLARIDADE	PAZ
EMOCIÓNS	PERSPECTIVA
GRATITUDE	SILENCIO
HÁBITOS	PENSAMENTOS
FELICIDADE	APRENDER

7 - Days and Months

```
M K O R B M E T E S A H H S N O
D A Z U J Z J Q X T N P A W O O
T Q R W T C F P C P O O N F V E
V J A T Z U K Y B J G L V J E Z
J E M P E M B W E R E G T J M H
X I N R Q S B R B U R I C U B Z
H D A R W U B O O P N D V I R A
L U N S E A B R I L Z D P H O X
K V A Z N S E R O C R É M M V O
C Z M R Z E N I L A G O S T O V
K Z E Q G M D X L S H R M Z G E
Z E S Á B A D O U U L I B F N S
W R I N D J B J X N N E O X I I
E M Q A D F S P F Q T N Z B M S
C A L E N D A R I O V A R R O X
Z X L F E B R E I R O X Z W D L
```

ABRIL
AGOSTO
CALENDARIO
FEBREIRO
VENRES
XANEIRO
XULLO
MARZO
LUNS
MES

NOVEMBRO
OUTUBRO
SÁBADO
SETEMBRO
DOMINGO
XOVES
MARTES
MÉRCORES
SEMANA
ANO

8 - Energy

```
T  U  R  B  I  N  A  C  F  F  T  B  G  G  X  V
P  V  M  A  G  O  R  Q  A  Q  O  P  X  L  P  A
L  K  O  A  P  B  Q  A  W  R  O  T  P  L  C  P
E  V  T  Q  B  L  X  L  G  T  B  E  Ó  Y  O  O
M  N  O  N  E  X  Ó  R  D  I  H  O  S  N  M  R
T  U  R  P  G  C  X  F  M  E  A  O  N  C  B  I
R  E  N  O  V  A  B  L  E  S  S  U  G  O  U  Z
B  C  O  N  T  A  M  I  N  A  C  I  Ó  N  S  D
N  A  E  L  É  C  T  R  I  C  O  W  B  V  T  E
U  N  T  L  I  N  D  U  S  T  R  I  A  E  I  N
C  I  H  E  S  L  Y  E  V  Z  W  F  T  N  B  T
L  L  Z  S  R  L  X  Q  F  C  G  P  P  T  L  R
E  O  Z  E  I  Í  C  A  L  O  R  J  Y  O  E  O
A  S  Q  I  I  B  A  E  L  E  C  T  R  Ó  N  P
R  A  S  D  C  Y  R  B  O  Z  M  Q  U  L  V  Í
O  G  R  Y  Y  S  H  V  S  M  Q  O  M  C  G  A
```

BATERÍA	INDUSTRIA
CARBONO	MOTOR
DIESEL	NUCLEAR
ELÉCTRICO	FOTÓN
ELECTRÓN	CONTAMINACIÓN
ENTROPÍA	RENOVABLES
COMBUSTIBLE	VAPOR
GASOLINA	SOL
CALOR	TURBINA
HIDRÓXENO	VENTO

9 - Archeology

```
F  R  E  N  M  Z  G  N  E  I  R  E  D  R  S  Z
Y  R  D  P  Y  X  O  D  I  C  E  U  Q  S  E  K
Q  I  A  X  Y  P  U  L  K  D  L  T  U  M  B  A
L  N  D  G  N  Ó  I  C  A  Z  I  L  I  V  I  C
D  V  I  Y  M  L  I  U  D  M  Q  H  F  K  X  E
E  E  Ü  H  Q  E  D  U  J  H  U  M  F  P  W  W
S  S  G  U  K  V  N  T  W  K  I  T  X  G  K  R
C  I  H  P  S  I  T  F  L  A  E  E  Y  R  R
E  I  T  E  N  T  W  R  O  I  R  E  T  S  I  M
N  G  N  I  E  O  W  M  N  S  E  Y  L  Y  Q  M
D  A  A  B  T  Q  M  J  N  Ó  E  J  N  P  C  K
E  D  E  Q  M  A  U  D  O  F  O  S  O  S  B  S
N  O  S  F  T  N  Ó  I  C  A  I  L  A  V  A  I
T  R  O  S  E  F  O  R  P  T  E  M  P  L  O  B
E  A  N  Á  L  I  S  E  Z  O  T  R  E  P  X  E
G  G  N  F  B  D  O  B  X  E  C  T  O  S  O  Z
```

ANÁLISE
ANTIGÜIDADE
OSOS
CIVILIZACIÓN
DESCENDENTE
ERA
AVALIACIÓN
EXPERTO
ESQUECIDO
FÓSIL

FRAGMENTOS
MISTERIO
OBXECTOS
PROFESOR
RELIQUIA
INVESTIGADOR
EQUIPO
TEMPLO
TUMBA

10 - Food #2

```
Á  Z  A  M  F  C  K  Y  N  C  Z  T  M  Q  Z  H
P  K  O  L  E  M  U  G  O  C  E  O  Z  I  M  G
L  I  L  O  C  B  I  X  B  O  G  R  U  G  O  I
Á  W  O  E  T  A  L  O  C  O  H  C  E  H  R  U
T  I  P  T  O  V  C  L  K  E  A  U  G  I  S  A
A  T  A  O  D  U  S  H  P  U  N  B  I  B  X  G
N  Q  X  M  E  Y  P  I  O  G  I  R  T  E  A  A
O  P  F  A  N  S  T  O  X  F  C  Ó  F  R  X  M
P  F  R  T  B  Z  A  U  I  V  A  C  I  E  V  X
D  E  C  E  Q  K  D  E  E  A  J  O  A  N  Q  S
S  M  I  Z  E  O  G  E  U  M  W  L  P  X  Y  Z
J  U  K  X  A  V  E  J  Q  B  J  I  I  E  Q  K
C  U  I  S  E  O  X  A  M  Ó  N  S  O  N  Q  E
G  S  A  R  R  O  Z  P  K  N  I  X  I  A  H  V
Z  P  A  U  F  D  D  R  G  R  D  H  L  E  G  T
I  W  R  U  I  D  R  R  L  U  G  C  P  Q  T  U
```

MAZÁ	BERENXENA
ALCACHOFA	PEIXE
PLÁTANO	UVA
BRÓCOLIS	XAMÓN
APIO	KIWI
QUEIXO	COGUMELO
CEREIXA	ARROZ
POLO	TOMATE
CHOCOLATE	TRIGO
OVO	IOGUR

11 - Chemistry

```
A  Á  O  S  E  P  G  J  V  I  O  N  O  U  C  M
J  T  C  R  O  D  A  Z  I  L  A  T  A  C  A  O
S  D  Ó  I  G  U  Y  J  Y  Y  G  R  O  U  R  L
A  U  S  M  D  Á  K  O  C  L  Z  J  H  P  B  É
W  Y  S  M  I  O  N  E  X  Ó  R  D  I  H  O  C
J  X  R  A  A  C  S  I  R  B  F  H  P  I  N  U
C  E  J  F  T  R  A  I  C  G  H  I  W  J  O  L
E  Y  B  G  Q  V  G  D  E  A  L  Q  O  X  J  A
E  E  O  R  T  E  M  P  E  R  A  T  U  R  A  O
M  F  E  O  C  L  O  R  O  O  S  Í  X  E  N  O
N  U  C  L  E  A  R  U  S  E  W  N  U  R  G  E
A  L  C  A  L  I  N  O  K  K  E  U  V  J  Z  N
V  I  R  C  H  U  P  B  T  P  G  L  W  E  Q  Z
L  Í  Q  U  I  D  O  C  Z  N  P  K  E  O  W  I
Y  D  E  L  E  C  T  R  Ó  N  Y  N  F  N  O  M
B  X  F  A  B  C  E  W  S  Z  Y  D  R  J  P  A
```

ÁCIDO	HIDRÓXENO
ALCALINO	ION
ATÓMICA	LÍQUIDO
CARBONO	MOLÉCULA
CATALIZADOR	NUCLEAR
CLORO	ORGÁNICA
ELECTRÓN	OSÍXENO
ENZIMA	SAL
GAS	TEMPERATURA
CALOR	PESO

12 - Music

```
U M M E M V P C A N T A N T E G
H U Q Q E X G O C I S Ú M Q D N
M L R B P R S B É Z L G U R S Z
E E W K F N Z G L T U A B F E Ó
X O D Y E O B R S N I G L R B P
I N S T R U M E N T O C Á Í A E
R Q H Z A L Í R I C O B A T L R
B W P E T T L A M G Q P Q M A A
X X A Z N S K V K U V S Z I D M
R C J M A U K M O O S X L C A E
A N Ó I C A V A R G T I A A H L
H A R M Ó N I C O Z D R C I A O
H A R M O N Í A C N S I C A J D
B C L Á S I C O Y Q F T G I L Í
E C L É C T I C O L X M Y B A A
M I C R Ó F O N O K B O E M Q K
```

ÁLBUM
BALADA
CORO
CLÁSICO
ECLÉCTICO
HARMÓNICO
HARMONÍA
INSTRUMENTO
LÍRICO
MELODÍA

MICRÓFONO
MUSICAL
MÚSICO
ÓPERA
POÉTICA
GRAVACIÓN
RITMO
RÍTMICA
CANTAR
CANTANTE

13 - Family

```
B H S M T M V A K Y Ó V A Í T Y
O O Ñ I R B O S G S I K N M L A
C M L E K I T O H R W W C I A N
I E E T X Q I P R L U Y E N P P
S T I C J Z P S L K N N S N N L
O O S G P P D E Z Y B E T E E O
O A F A V A Ñ I R B O S R T N I
O I L M Z K T S Q L T G A O O M
Y C A L O Z U E M Y Í Z L C S O
Z N Y J I R M Á R M O R Z X R U
E A G Z L F Y M B N A V D N B G
F F C L Q K N I O V A T P A V H
W N Á M R I S R N G R L E I R D
R I K W E T C P E P A I P R W B
P I K B B Z D E N A Q K C L N A
S P E W E I C I O M T J U G G A
```

ANCESTRAL	NETO
TÍA	HOME
IRMÁN	MATERNA
NENO	NAI
INFANCIA	SOBRIÑO
NENOS	SOBRIÑA
PRIMÁ	PATERNA
FILLA	IRMÁ
PAI	TÍO
AVÓ	ESPOSA

14 - Farm #1

```
A A D V U C A B A L O V X E E E
G V B B C K M H D J Ñ A X N T M
R T S E T N E M E S A C E Y N F
I P B A L K L E E P B A G U A U
C W V H Z L J N C N A C P C Z O
U Q H B O T A G A J R B J O I C
L L Z G R J E Q M H N K G V L K
T B U P R X V Y P N A J R R I O
U B U K A T K K O K D B S O T B
R P P R C B M W C A B R A C R M
A V P A R F J X M T T X U H E X
K D Y X E O R R E C E B F F F Z
L Q T N C L E K P N S V C X Y Z
C A R F J B A H D I R H Y X N O
G T H E G N E X Y G H A W Z B R
G I U V V Y D W B I L Y A K D V
```

AGRICULTURA	FERTILIZANTE
ABELLA	CAMPO
BECERRO	RABAÑO
GATO	CABRA
POLO	HAY
VACA	MEL
CORVO	CABALO
CAN	ARROZ
BURRO	SEMENTES
CERCA	AUGA

15 - Camping

```
I  G  D  U  Z  G  C  A  Ú  L  O  D  C  B  M  U
H  T  K  J  Y  E  A  B  N  G  H  J  W  O  O  D
T  E  N  D  A  S  Z  S  E  I  L  O  B  S  N  Z
X  B  O  L  Y  A  A  I  O  A  M  L  G  Q  T  S
N  A  T  U  R  E  Z  A  A  M  T  A  Q  U  A  Y
A  L  C  F  G  M  S  N  Z  B  B  D  I  E  Ñ  V
V  Q  E  R  Y  U  W  I  E  A  Y  R  I  S  A  W
E  I  S  M  T  L  Z  B  B  F  I  O  E  K  T  Z
N  J  N  M  L  C  M  A  P  A  C  C  X  I  G  T
T  T  I  X  A  A  B  C  T  G  W  B  Q  T  R  G
U  J  U  T  T  N  R  G  O  U  W  I  P  T  L  O
R  P  H  R  A  O  D  I  T  R  E  V  I  D  A  X
A  K  E  O  R  A  E  M  V  J  M  I  O  A  G  L
I  V  Z  O  F  E  J  N  C  O  M  P  Á  S  O  L
Q  K  Y  X  Y  Z  D  J  U  S  G  U  G  G  N  G
L  G  R  X  B  V  S  E  R  O  B  R  Á  Q  P  M
```

AVENTURA	CAZA
ANIMAIS	INSECTO
CABINA	LAGO
CANOA	MAPA
COMPÁS	LÚA
LUME	MONTAÑA
BOSQUE	NATUREZA
DIVERTIDO	CORDA
REDE	TENDA
SOMBREIRO	ÁRBORES

16 - Algebra

```
C E R O Y X G X M O D E Q D D M
W O R E M Ú N Ó I C U L O S I A
W C A O T I N I F N I F S D A T
O A C V T B Z Y S D H I L E G R
O Z I M T C H W P P I A L R I
H G F Y W H A L U M R Ó F U A Z
N Ó I C C A R F B M B M I A M D
T I L M N B N R Y S A W F J A U
R A P G Z V T H R E S O L V E R
D A M E L B O R P S G U T U G G
N Ó I C A U C E S L W E G T A R
R E S T A P A R É N T E S E X Á
G W H J E X P O N E N T E Z Z F
M X Y F Q A T E Y B J J O K X I
X X R L C A N T I D A D E H N C
Y C Z H K Z H D I V I S I Ó N O
```

DIAGRAMA

DIVISIÓN

ECUACIÓN

EXPONENTE

FACTOR

FALSO

FÓRMULA

FRACCIÓN

GRÁFICO

INFINITO

MATRIZ

NÚMERO

PARÉNTESE

PROBLEMA

CANTIDADE

SIMPLIFICAR

SOLUCIÓN

RESOLVER

RESTA

CERO

17 - Numbers

```
C W X Q Y G X K O O Q G D G O T
H I D E C I M A L I U X F O H M
Q C N P P G X R U T I P L R C M
X P J C U T U N W O N M S T D E
B C K J O I T Y G E C T D A J C
D E Z A S E T E N G E Z M C E E
K M W N I P C L U P T U X A Q R
N J L U H V N D L U N H S E O T
P M X D S D E Z A O I T O F Q T
A N O V E B Q O Z Q V N O U V C
D E Q A R C H J J T Y G Z E L L
C X E R T G R S E I S S V V U N
O U P C N A Q O Q B U U M A B P
D E Z A S E I S T F O D Z M N J
O M M S E T E E Q A D E G V T J
D E Z A N O V E T X C Z K C S F
```

DECIMAL	SETE
OITO	DEZASETE
DEZAOITO	SEIS
QUINCE	DEZASEIS
CINCO	DEZ
CATRO	TRECE
CATORCE	TRES
NOVE	DOCE
DEZANOVE	VINTE
UN	DOUS

18 - Spices

```
V  H  M  H  G  Z  D  Q  A  N  Í  S  Z  D  F  M
I  I  D  F  R  S  D  E  M  P  A  P  I  R  Ó  N
V  Y  R  A  I  D  Y  C  N  B  I  C  H  D  C  U
C  O  M  I  Ñ  O  Z  O  Á  T  B  U  C  V  F  Z
P  G  T  U  C  P  R  D  R  S  E  R  V  B  A  Q
L  R  J  S  E  V  Q  O  F  L  V  R  U  U  V  L
A  A  U  A  V  G  Y  W  A  R  S  Y  O  B  V  P
N  M  J  B  L  Q  I  B  Z  P  I  M  E  N  T  O
T  A  L  O  B  E  C  I  A  L  L  I  N  I  A  V
A  B  A  R  S  J  N  E  X  Y  Z  V  B  C  D  N
F  I  U  N  C  H  O  A  N  I  N  P  R  S  M  I
P  L  N  O  F  T  G  V  C  X  R  G  X  A  M  P
N  O  Z  M  O  S  C  A  D  A  E  G  Q  L  R  X
A  L  C  A  Ç  U  Z  Z  D  E  J  B  Q  R  S  N
J  L  D  I  M  D  Q  Y  X  Z  H  W  R  U  V  S
R  A  M  F  F  C  B  E  Z  S  S  G  U  E  L  D
```

ANÍS	ENXEBRE
AMARGO	ALCAÇUZ
PLANTA	NOZ MOSCADA
CANELA	CEBOLA
DENTE	PAPIRÓN
COMIÑO	PIMENTO
CURRY	AZAFRÁN
FIUNCHO	SAL
SABOR	DOCE
ALLO	VAINILLA

19 - Universe

```
T E L E S C O P I O X M C I L M
A S T R O N O M O E C W E V O G
F R H E M I S F E R I O L H N N
N O E D A D I R U C S E E E X B
O D D F L K S V D R I R S J I S
B A U L S Ú E V G V U U T D T E
H U T H P O A O B Q W H E N U D
H C I O E S M T T O X W D E D I
O E T I Q R W T Z U L Z U D E A
R G A C N A P C A C Ó S M I C O
I A L I X C Z O D I A C O O V A
Z L H T L B L Ó R B I T A R T X
O A N S F P T I Z M C F I E U A
N X V L S L N H N Q T B Q T K C
T I J O U C V L P A T P H S C K
E A L S A Í M O N O R T S A U P
```

ASTEROIDE	HORIZONTE
ASTRONOMO	LATITUDE
ASTRONOMÍA	LONXITUDE
ATMOSFERA	LÚA
CELESTE	ÓRBITA
CÓSMICO	CEO
ESCURIDADE	SOLSTICIO
ECUADOR	TELESCOPIO
GALAXIA	INCLINAR
HEMISFERIO	ZODIACO

20 - Mammals

```
C R F Z W O Q D X O F W C T O E
F A U B P N S E I V B X Q X F H
E L N Q W O G O R E T O Y O C X
U I A G J M U P A L E K L Z H D
D R C J U D G E F L C E B R A L
N O G D D R U N A A T O U R O P
V G M H Y D O Ó I G O L F I Ñ O
G A T O U C O E L L O B V G U M
V R C P H V O L U J N I M O V O
K R L L H J P B X W O C U J E B
C A S T O R A B D J F H S C Y A
C H W N L Q V F S A Z K T L C L
J P K Y A O P O I G Q Z P B C E
R G X N B N G B W J J U F F K A
E L E F A N T E A A C I O F M L
X K T Z C S J I V X F L O C P T
```

OSO	GORILA
CASTOR	CABALO
TOURO	CANGURO
GATO	LEÓN
COYOTE	MONO
CAN	COELLO
GOLFIÑO	OVELLA
ELEFANTE	BALEA
FOX	LOBO
XIRAFA	CEBRA

21 - Restaurant #1

```
C A F É X S N K Y C Z X W C U J
M V Z G W G Z B W A P F B O F C
H R H T S S B N Q D B N O C R I
F E L T P D L C Q R E K L I L N
A S E M E R B O S O U J S Ñ H G
W E Y H P U A I X R E L A A S R
T R D Y L U S T S B H O V C L E
J N J M V N L L O S J J S D X D
F C K P P S A X T L M E N Ú H I
A T C E A E S B N W E N X Q P E
X X D E N X N W E F T T H S O N
V Q H L O B W M M I N G I Z L T
C A R N E R Y B I M A L K O O E
P Z C L A N E K L I C M K A C S
N Q Z K Q P Z T A L I D M F G E
C A M A R E I R A M P K G J N U
```

ALERXIA
BOLSA
PAN
CADRO
POLO
CAFÉ
SOBREMESA
ALIMENTOS
INGREDIENTES
COCIÑA

COITELO
CARNE
MENÚ
PANO
PRATO
RESERVA
SALSA
PICANTE
CAMAREIRA

22 - Bees

```
F  R  O  I  T  A  W  V  X  B  Z  C  E  R  A  E
Z  N  G  E  C  Q  M  Z  A  F  Q  M  Q  O  U  N
O  Q  P  D  A  D  A  G  R  L  A  P  N  L  Y  X
W  P  L  A  N  T  A  S  D  K  X  O  O  F  N  A
B  G  E  D  H  F  X  V  Í  P  J  S  Q  L  B  M
Y  K  M  I  Á  Á  U  K  N  F  S  O  L  Z  E  E
V  O  C  S  S  C  B  M  Y  C  H  I  U  K  N  N
J  W  S  R  J  Z  N  I  E  O  T  C  E  S  N  I
R  G  V  E  V  J  I  H  T  D  I  I  S  Q  B  E
O  I  P  V  S  J  R  L  M  A  Q  F  T  H  Q  X
Z  P  G  I  V  Q  W  I  D  Ñ  T  E  R  D  Z  P
U  A  L  D  K  J  N  D  D  Í  F  N  R  E  X  R
A  L  I  M  E  N  T  O  S  A  B  E  S  T  C  L
B  N  P  M  R  F  S  J  Z  R  K  B  R  A  J  Y
X  D  D  O  P  O  L  I  N  I  Z  A  D  O  R  A
E  C  O  S  I  S  T  E  M  A  F  L  O  R  E  S
```

BENEFICIOSO	INSECTO
FLOR	PLANTAS
DIVERSIDADE	POLEN
ECOSISTEMA	POLINIZADOR
FLORES	RAÍÑA
ALIMENTOS	FUME
FROITA	SOL
XARDÍN	ENXAME
HÁBITAT	CERA
MEL	ÁS

23 - Photography

```
T E X T U R A R T X C E N S T M
F L L N N E R E E J A Á N N U L
D O U X Ó L P T M E N O M C Y T
E R R G I E Q R A C O R L A U B
F G E M C D A A O W B A A I R X
I E S E A I Y T V I S U A L M A
N N C J N T Y O T C E X B O H T
I W U K I S O C O N T R A S T E
C T R U M P O N Y J R D D Y N B
I G I Z U N H M P W H C Z L F G
Ó A D D L S U J B V Y I Q U X Q
N K A X I F C T Q R H D M Z F V
J V D B Q P J I F M A G N G R Z
E C E A D Z N Ó I C I S O P X E
J T S Y G P E R S P E C T I V A
M A R C O C O M P O S I C I Ó N
```

NEGRO
CÁMARA
COR
COMPOSICIÓN
CONTRASTE
ESCURIDADE
DEFINICIÓN
EXPOSICIÓN
FORMATO

MARCO
ILUMINACIÓN
OBXECTO
PERSPECTIVA
RETRATO
SOMBRAS
TEMA
TEXTURA
VISUAL

24 - Weather

```
T X E O N E V L A C I P O R T R
A O C E S É P U E L Z R N G X A
R D R C F D B E N I L N A A X I
C A A M J C W O E M H W T T B O
O N L M E B U N A A G C E M V T
D R O M O N I B C O F Z M O E A
A O P Y Y N T I L V V T P S N E
V T I B A N Z A C E S D E F T P
E P U U X R A Ó N N D B R E A G
L P C S C R Q U N N Á C A R U F
L V E N T O X T R O B O T A B R
A T S P Y H V B Q W X G U Y J H
Q P H C Z G B Z B Y Q T R B V Z
U E Z X Y D E O U X K Q A S D J
A R I U E T A Z J Y Y N J R C G
L N T D N J E C B B J C O K K A
```

ATMOSFERA
VENTA
CLIMA
NUBE
SECA
SECO
NÉBOA
FURACÁN
XEO
RAIO

MONZÓN
POLAR
ARCO DA VELLA
CEO
TORMENTA
TEMPERATURA
TROBO
TORNADO
TROPICAL
VENTO

25 - Adventure

```
E A B M I G K K H J Q J I D O G
A X S R U Y E R K D E S T I N O
C A C E A Z E L E B S P N O P V
T I E U G V C L Y F N E A P R O
I V Y J R U N S J W R V O E N
V H V N A S R R G P M I E R P E
I Z Q G V O I I A F P G G T A N
D L L M Q T N Ó D O C O A U R T
A R A R N E C S N A W S C N A U
D G E V F R W Q L A D O I I C S
E D A T L U C I F I D E Ó D I I
N A T U R E Z A M R A V N A Ó A
R E P Z E J A M I G O S V D N S
V G B Y I B Y U L E T W I E Y M
L Z X O P R I H U L A T K F V O
V P W I I R Y D O A W T B G E Z
```

ACTIVIDADE	AMIGOS
BELEZA	ALEGRIA
BRAVURA	NATUREZA
RETOS	NAVEGACIÓN
OPORTUNIDADE	NOVO
PERIGOSO	PREPARACIÓN
DESTINO	SEGURIDADE
DIFICULTADE	VIAXA
ENTUSIASMO	RARA
EXCURSIÓN	

26 - Sport

```
C M E T A B Ó L I C A R V I P U
O B X E C T I V O R D B Z L R P
C P C P Y V I X L I H H I Y O P
N H C R G S N S R E R R O C G L
C I C L I S M O A T E L T A R D
C R F R S T X H Z Ú T V V T A E
U S R O F A P S I N D B L E M P
G O O B R M X C M E R E C I A O
O S D L M Z J Q I Z U A Y D R R
X C A A U Q A C X L X O R M C T
C O R P O C M G A K C Q J C U E
H N T M G B S N M B Y D J U M S
P L S O S O Y Ú Y S G L F Z A G
Q I E A I Q O K M B A I L E W H
G E D N U T R I C I Ó N I C N O
R R A C A P A C I D A D E F Z O
```

CAPACIDADE
ATLETA
CORPO
OSOS
ADESTRADOR
CICLISMO
BAILE
DIETA
OBXECTIVO

SAÚDE
CORRER
MAXIMIZAR
METABÓLICA
MÚSCULOS
NUTRICIÓN
PROGRAMA
DEPORTES
FORZA

27 - Restaurant #2

```
Z  J  H  U  B  M  C  O  E  I  B  Z  K  O  K  D
P  I  A  Z  O  K  Z  X  S  U  N  E  B  F  O  E
O  U  J  Q  L  J  Q  Q  Q  F  U  L  N  B  X  L
G  P  V  M  O  K  N  C  T  V  A  W  R  V  D  I
V  R  R  F  U  B  W  K  N  L  R  E  L  L  U  C
C  A  M  A  R  E  I  R  O  F  R  A  G  A  Y  I
J  T  B  C  S  X  E  I  F  V  A  E  K  S  R  O
E  N  S  A  L  A  D  A  G  U  A  C  V  O  W  S
Z  A  O  V  T  R  O  V  I  T  I  R  E  P  A  O
I  X  V  E  P  I  M  L  J  K  F  G  X  A  D  E
X  X  O  R  C  E  O  E  Q  Q  L  U  I  M  I  X
Z  M  P  D  P  D  M  R  B  R  Y  K  E  F  B  M
I  P  Z  U  E  A  S  A  F  R  X  B  P  H  E  X
A  R  Y  R  R  C  K  L  P  A  S  T  A  A  B  M
G  L  M  A  B  U  Y  G  O  Q  H  Q  G  T  N  D
S  M  Y  S  Q  U  Q  O  J  V  S  T  E  K  O  K
```

APERITIVO	XEO
BEBIDA	XANTAR
BOLO	PASTA
CADEIRA	ENSALADA
DELICIOSO	SAL
CEA	SOPA
OVOS	CULLER
PEIXE	VERDURAS
GARFO	CAMAREIRO
FROITA	AUGA

28 - Geology

```
E K U R C C O N H T C G U S L S
S R V L A D I L V N O É F Z W H
T U K M L Y Z C Z N V I G B W Y
A V A L C H P E L N A S P H W D
L R E Y I I L O T O M E R R E T
C I D J O S K D C N S R E B L T
I W B E C O N T I N E N T E T F
T T O O P V O L C Á N K A S S N
A E J D Q S B S S U Y X E V J D
Q N I X C I D Z N D E M C H D P
F Ó S I L A T E S E M Y U C Q Q
A I T C L T P L E Y Á W A O D Q
U S C Q D S P A M J C S R R Y B
E O E Q S I A R E N I M Z A Q I
I R A X R R L D X G D Y O L A S
K E B D B C N J J V O O N J P N
```

ÁCIDO

CALCIO

COVA

CONTINENTE

CORAL

CRISTAIS

CICLOS

TERREMOTO

EROSIÓN

FÓSIL

GÉISER

LAVA

CAPA

MINERAIS

MESETA

CUARZO

SAL

ESTALCITA

PEDRA

VOLCÁN

29 - House

```
Q Y E B V F D C A Y H Z Q T X Y
D J S V C E M R C Q U G W E T W
D B P E X A N E L A Y O V L Z G
V Z E L V Z X H O R G S A L Q F
T P L J R A B K T U T Q S A S G
T C L B I B L I O T E C A D O A
Q N O P I S O C K D P G Y O I R
X A R D Í N M U R O A E A E R A
L B N L F C X V D X H I S I A X
A D A P M Á L L K Y C L A A I E
R P F K P X J T K T U D R F L S
E O Z B T H D N J E D C I T I A
I R O C J C E R C A N C O I B J
R T X C O R T I N A S K S N O S
A A Ñ I C O C V J U O F A P M M
M J N F V C U F S N A E V D N Q
```

FAIADO   CLAVES
VASOIRA   COCIÑA
CORTINAS   LÁMPADA
PORTA   BIBLIOTECA
CERCA   ESPELLO
LAREIRA   TELLADO
PISO   SALA
MOBILIARIO   DUCHA
GARAXE   MURO
XARDÍN   XANELA

30 - Physics

```
R  F  M  R  N  F  Ó  R  M  U  L  A  P  H  E  E
E  Y  R  A  D  F  I  F  M  Á  T  O  M  O  L  E
L  P  R  E  G  A  J  E  D  A  D  I  S  N  E  D
A  A  M  T  C  N  Z  N  U  C  L  E  A  R  C  A
T  R  O  N  O  U  E  X  Ó  B  C  X  P  P  T  D
I  T  T  Ó  A  S  E  T  J  I  Y  P  W  O  R  I
V  Í  O  I  L  B  C  N  I  Z  S  O  A  C  Ó  C
I  C  R  C  A  Y  Q  B  C  S  B  N  H  M  N  O
D  U  G  A  S  M  I  S  A  I  M  W  A  G  E  L
A  L  E  R  R  I  G  Y  C  E  A  O  L  P  T  E
D  A  C  E  E  B  X  M  I  X  O  W  U  T  X  V
E  C  M  L  V  M  P  W  M  K  S  U  C  J  D  E
U  I  I  E  I  S  I  X  Í  N  L  N  É  N  T  V
N  L  G  C  N  Q  E  R  U  U  M  R  L  M  Y  Z
F  M  S  A  U  J  W  Q  Q  U  S  D  O  F  V  I
M  E  C  Á  N  I  C  A  J  S  O  A  M  J  C  A
```

ACELERACIÓN	GAS
ÁTOMO	MAGNETISMO
CAOS	MISA
QUÍMICA	MECÁNICA
DENSIDADE	MOLÉCULA
ELECTRÓN	NUCLEAR
MOTOR	PARTÍCULA
EXPANSIÓN	RELATIVIDADE
FÓRMULA	UNIVERSAL
FRECUENCIA	VELOCIDADE

31 - Dance

```
C C X I N A O F K W K X Z K L E
H U J Q B D U I A N A C R H H N
E T L A U S I V A J R B Z O X S
M R A T I H Y Q J T T I N X R A
O A R T U J O V I S E R P X E I
C D U L O R I E Ñ A P M O C B O
I I T A Í F A R G O E R O C M Q
Ó C L G R A Z A H R I T M O Ú C
N I U X K Y D U I C M C Y D S O
L O C I S Á L C F Y O I D C I R
U N H Y I K F T O F L M T K C P
E A R U T S O P W D P Z Q V A O
Y L W U L U A A L E G R E K S Y
U A J Z B H C Y S A O I N G R A
J C W X E B A C A D E M I A Z M
C V H A P N Q L B S U B P O M R
```

ACADEMIA
ARTE
CORPO
COREOGRAFÍA
CLÁSICO
CULTURAL
CULTURA
EMOCIÓN
EXPRESIVO

GRAZA
ALEGRE
MÚSICA
COMPAÑEIRO
POSTURA
ENSAIO
RITMO
TRADICIONAL
VISUAL

32 - Coffee

```
O C F V R H O T N Y G H R C Z D
N Z F R L Y E B E H R S U L T I
E J L I C J D F G W U M E Z O P
I A N Í E F A C R Z C M Q E A O
R A C A Q B D Z O Q E A G Z V P
Á J G U X U E N I E E X R D Z D
Ñ L R T N P I B E Y N C U Q Y A
A M A R G O R D I C C E X Z Z Z
M L B S C N A E O D I C Á F J U
R J Z W H U V O Z A A H N H T C
A U G A O V G R R O R T L I F R
H A C R E M A I L E I T E Q M E
D M K Q L M K X L S J C O P A Q
M O E R G V V E D J I J P D O E
W R H T G E V E S C V U Z H V X
S A B O R T Q X Q N E Q D T V X
```

ÁCIDO
AROMA
BEBIDA
AMARGO
NEGRO
CAFEÍNA
CREMA
COPA
FILTRO
SABOR

MOER
LÍQUIDO
LEITE
MAÑÁ
ORIXE
PREZO
AZUCRE
VARIEDADE
AUGA

33 - Shapes

```
P Z U Y G V Q J V K A U W C C D
Z I V Q L T G N K D W B J B Í D
K G E P O L U G N Á I R T T R D
E O B U C D O X D N L A D O C G
B L R K R I D Z U Q I F V C U Z
M U I G A P L K L G G L Y A L O
W G W P M N H I S I X W W Z O F
O N Z S S X I D N E Ñ R I A Y A
V Á A E I E P Q T D A A V R U C
A T O U R Z É X S I R A R P K N
L C U J P L R F E M E O T N A C
L E R F Z T B H Q Á F X H X O S
K R S R Q G O O H R S H C A D M
U W L S I I L W L I E A O U D S
B O R D E S E F B P P V N C M U
P O L Í G O N O W C D W O V Y R
```

ARCO	LIÑA
CÍRCULO	OVAL
CONO	POLÍGONO
CANTO	PRISMA
CUBO	PIRÁMIDE
CURVA	RECTÁNGULO
CILINDRO	LADO
BORDES	ESFERA
ELIPSE	PRAZA
HIPÉRBOLE	TRIÁNGULO

34 - Scientific Disciplines

```
L I N G Ü Í S T I C A G B N T B
M I N E R A L O X Í A P O X E I
Y S A Í M O N O R T S A T K R O
Z A Í M O T A N A T S Q Á U M Q
A Í X O L O E U Q R A Z N S O U
B I O L O X Í A N D L Q I I D Í
N O L S Z M L Y C V G U C N I M
E T O N O O E Y B D I Í A M N I
U P C Y B C O C G Q S M E U Á C
R L I G D M I L Á X T I B N M A
O J S I E B E O O N M C X O I O
L V P L H P S Z L X I A E L C E
O E C O L O X Í A O Í C A O A W
X X E O L O X Í A X X A A X L H
Í F I S I O L O X Í A Í X Í E C
A Í X O L O I S E N I C A A K W
```

ANATOMÍA
ARQUEOLOXÍA
ASTRONOMÍA
BIOQUÍMICA
BIOLOXÍA
BOTÁNICA
QUÍMICA
ECOLOXÍA
XEOLOXÍA
INMUNOLOXÍA

CINESIOLOXÍA
LINGÜÍSTICA
MECÁNICA
MINERALOXÍA
NEUROLOXÍA
FISIOLOXÍA
PSICOLOXÍA
SOCIOLOXÍA
TERMODINÁMICA
ZOOLOXÍA

35 - Science

```
P F O Y S T K O Y B N P X M Y L
A A C C B G K B T D Y B M I U A
R O B S E R V A C I Ó N O N H F
T I B W V B C Z D H E T L E I Q
Í R I E H G L E R Y A F É R P U
C O M O T Á I R L P H Í C A Ó Í
U T M E H P M U K L H S U I T M
L A M É V V A T I A R I L S E I
A R O W T O G A E N N C A L S C
S O Q V F O L N L T M A S J E A
O B Q I K H D U F A U E O I U K
W A O I D K D O C S D O Q U I D
I L I S Ó F K U G I J F J M Z X
G R A V I D A D E O Ó J D A W Q
O R G A N I S M O O K N C M E H
M J F X M E X P E R I M E N T O
```

ÁTOMO

QUÍMICA

CLIMA

EVOLUCIÓN

EXPERIMENTO

FEITO

FÓSIL

GRAVIDADE

HIPÓTESE

LABORATORIO

MÉTODO

MINERAIS

MOLÉCULAS

NATUREZA

OBSERVACIÓN

ORGANISMO

PARTÍCULAS

FÍSICA

PLANTAS

36 - Beauty

```
B  L  X  C  Ú  P  M  A  H  C  K  L  M  G  B  E
E  M  Q  H  B  K  Á  R  O  A  S  B  S  W  G  N
S  G  J  U  K  R  S  I  H  L  C  X  J  Z  G  C
P  P  O  T  Y  V  C  O  N  Q  H  E  K  A  C  A
E  R  E  S  O  Z  A  S  S  Z  S  I  I  I  U  N
L  Q  T  L  Z  Q  R  E  L  K  U  L  T  T  W  T
L  X  U  K  L  O  A  T  G  G  A  Z  R  E  O
O  H  G  W  F  R  A  G  A  N  C  I  A  I  L  S
E  L  E  G  A  N  C  I  A  E  R  P  V  Z  J  C
P  E  R  F  U  M  E  T  S  O  T  U  D  O  R  P
F  Q  J  Q  M  O  C  A  C  I  T  É  M  S  O  C
L  S  C  G  V  U  A  C  I  N  É  X  O  T  O  F
A  O  Z  G  R  Q  M  Q  A  Q  T  O  T  W  V  I
I  L  E  T  N  A  G  E  L  E  I  S  A  L  C  G
A  Y  V  Y  S  O  Z  I  V  R  E  S  B  J  O  H
T  M  X  T  R  O  D  A  Ñ  E  S  E  D  S  R  X
```

ENCANTO	ESPELLO
COR	ACEITES
COSMÉTICA	FOTOXÉNICA
RIZOS	PRODUTOS
ELEGANCIA	PERFUME
ELEGANTE	TESOIRA
FRAGANCIA	SERVIZOS
GRAZA	CHAMPÚ
BATOM	PEL
MÁSCARA	DESEÑADOR

37 - Clothes

```
H  B  O  R  I  E  R  B  M  O  S  A  I  O  X  S
S  Q  X  A  C  C  V  X  K  P  A  G  D  G  R  A
B  O  P  B  U  F  A  N  D  A  I  F  H  A  B  N
P  A  N  T  A  L  Ó  N  S  F  A  Q  S  P  F  D
P  U  L  S  E  I  R  A  S  I  M  A  C  C  U  A
M  A  M  A  X  I  P  Z  C  I  N  T  A  H  P  L
O  P  B  V  T  U  A  D  A  L  M  B  H  A  O  I
D  V  G  R  M  N  W  E  P  P  W  Q  G  Q  A  A
A  V  L  Z  I  L  E  V  U  A  A  A  W  U  T  S
G  L  P  Q  P  G  G  V  O  D  I  T  S  E  V  B
G  A  T  V  W  L  O  Y  A  P  T  L  O  T  U  B
E  S  B  S  H  Z  I  U  S  R  V  U  K  A  R  L
E  L  G  Z  B  N  R  G  U  L  U  V  M  Q  L  K
D  W  Q  M  T  A  C  O  L  A  R  A  R  H  F  B
M  E  D  I  A  S  V  H  B  L  Z  S  B  D  N  H
B  F  Y  O  J  V  U  Z  P  Y  X  U  E  Z  V  K
```

AVENTAL	XOIAS
CINTA	COLAR
BLUSA	PIXAMA
PULSEIRA	PANTALÓNS
ABRIGO	SANDALIAS
VESTIDO	BUFANDA
MODA	ZAPATO
LUVAS	SAIA
SOMBREIRO	MEDIAS
CHAQUETA	CAMISA

38 - Insects

```
V  C  V  D  T  R  K  T  L  L  D  G  G  L  S  G
E  M  A  N  T  I  S  R  E  I  A  T  A  R  A  B
R  U  B  A  X  B  Y  A  S  E  B  M  T  P  L  V
M  G  I  O  J  A  D  Z  T  F  F  É  O  L  T  B
E  L  U  K  I  G  W  A  P  S  E  V  L  Y  Ó  T
M  O  S  Q  U  I  T  O  K  I  L  V  D  U  N  B
U  X  N  U  T  M  D  V  L  S  T  Q  Z  W  L  S
Á  F  I  D  O  R  J  A  J  O  E  I  D  I  C  A
G  V  H  V  F  O  L  A  O  N  E  V  I  J  I  R
A  O  U  B  F  F  W  M  M  A  B  C  U  A  Y  R
G  B  T  E  R  M  I  T  O  L  A  K  V  F  W  A
L  W  E  J  O  A  N  I  N  H  A  T  F  C  F  G
U  B  L  L  X  V  L  I  V  I  G  B  A  O  B  I
P  M  N  J  L  R  I  Y  Q  C  X  O  U  E  K  C
B  V  D  Y  V  A  T  E  R  O  B  L  O  B  V  K
G  P  M  A  Y  L  N  G  I  Q  J  C  F  K  D  R
```

FORMIGA	SALTÓN
ÁFIDO	JOANINHA
ABELLA	LARVA
BEETLE	MANTIS
BOLBORETA	MOSQUITO
CIGARRA	TRAZA
BARATA	TERMITO
LIBÉLULA	VESPA
PULGA	VERME
GATO	

39 - Astronomy

```
E  S  P  I  L  C  E  N  Ó  I  C  A  I  D  A  R
Q  S  A  T  É  L  I  T  E  C  Y  Ú  B  T  S  P
U  Q  F  L  W  Z  T  Y  T  X  T  L  W  K  T  A
I  F  N  Ó  I  C  A  L  E  T  S  N  O  C  E  S
N  C  S  S  Z  T  L  S  U  T  E  R  R  A  R  T
O  R  O  E  T  E  M  F  G  V  A  S  S  I  O  R
C  G  M  A  Q  L  N  W  O  U  S  U  N  X  I  O
C  V  S  I  D  G  U  R  F  B  T  P  W  A  D  N
I  I  O  C  A  I  D  O  Z  F  R  E  N  L  E  O
O  E  C  P  L  A  N  E  T  A  O  R  S  A  B  M
R  Y  F  D  S  N  U  Y  R  N  N  N  C  G  J  O
Q  V  F  U  N  P  I  I  E  Y  A  O  Q  G  Q  M
C  I  T  F  C  I  X  J  D  I  U  V  P  N  Q  L
A  R  U  H  I  U  J  M  T  E  T  A  U  I  D  N
P  S  N  E  B  U  L  O  S  A  A  C  Q  O  E  M
O  B  S  E  R  V  A  T  O  R  I  O  X  Q  W  P
```

ASTEROIDE	LÚA
ASTRONAUTA	NEBULOSA
ASTRONOMO	OBSERVATORIO
CONSTELACIÓN	PLANETA
COSMOS	RADIACIÓN
TERRA	FOGUETE
ECLIPSE	SATÉLITE
EQUINOCCIO	CEO
GALAXIA	SUPERNOVA
METEORO	ZODIACO

40 - Health and Wellness #2

```
M N X U H V H Q S N X N O M E N
P V U Z V J I O I D E T U Y N U
K D F I P U O T S B L M H B E T
A N A T O M Í A A P U I J E R R
E E M K B Q Y I O M I N Á A X I
M D X E N É T I C A I T R R Í C
I A F X H I X I E N E N A O A I
N D S X B Y E F U D L U A L T Ó
F I Y A L N S N G A Y J Q A E N
E M G A X C T N N D J A A C I A
C R Y I W E R W A D D T J C D P
C E R X G K É O S I U A Z H L E
I F J R A E S S A U D A B L E T
Ó N R E C U P E R A C I Ó N P I
N E K L K E W P L W D T X E S T
L X X A Y S W O X W B J Z V U O
```

ALERXIA
ANATOMÍA
APETITO
SANGUE
CALOR
DIETA
ENFERMIDADE
ENERXÍA
XENÉTICA
SAUDABLE

HOSPITAL
HIXIENE
INFECCIÓN
MASAXE
ÁNIMO
NUTRICIÓN
RECUPERACIÓN
ESTRÉS
VITAMINA
PESO

41 - Disease

```
C O N T A X I O S O I D R T B I
O Y O C M E X P F V N É E E E N
S S U P U O F R U C F B S R N M
P J O J X M Q O I C L I P A E U
H A X S R Y L C O R A L I P S N
E N T A G M I I U Ó M R R I T I
R E N Ó Z A R O C N A Y A A A D
E U W V G K L P V I C Z T S R A
D R C U T E P C J C I D O P P D
I O R L H T N U H A Ó X R O U E
T P X S E R F O D X N D I W L J
A A B U A Y C N S P I I A X M B
R T G H E Ú A L E R X I A S O P
I I E M O R D N Í S T R J G N B
O A C I T É N E X W P V D S A F
A B D O M I N A L J T Z D M R O
```

ABDOMINAL
ALERXIAS
CORPO
OSOS
CRÓNICA
CONTAXIOSO
XENÉTICA
SAÚDE
CORAZÓN
HEREDITARIO

INMUNIDADE
INFLAMACIÓN
NEUROPATIA
PATÓGENOS
PULMONAR
RESPIRATORIA
SÍNDROME
TERAPIA
DÉBIL
BENESTAR

42 - Time

```
S  R  H  I  E  M  E  H  V  L  C  D  P  T  X  A
E  E  O  T  Q  L  I  O  X  O  L  E  R  U  K  G
T  C  M  P  Q  I  J  X  A  R  O  H  N  C  L  O
N  W  I  A  M  M  T  E  K  N  D  W  E  Y  S  R
A  K  H  H  N  S  E  M  W  V  U  S  V  U  É  A
O  G  D  G  V  A  M  A  M  Q  D  A  Y  T  C  D
T  J  A  M  Y  V  P  Í  L  L  J  J  L  C  U  A
P  R  O  N  T  O  O  D  Í  A  E  O  O  K  L  C
J  U  N  T  P  J  K  O  M  Y  Q  G  N  B  O  É
Z  Q  A  Y  U  H  K  I  A  R  T  J  I  Y  M  D
K  L  Y  L  O  N  B  D  Ñ  N  B  E  Z  I  E  Q
Q  D  B  S  E  A  I  E  Á  O  V  E  M  X  U  D
P  G  Q  T  F  J  P  M  M  I  F  L  C  I  R  N
F  P  M  R  G  O  R  A  T  T  F  U  T  U  R  O
L  P  J  K  Y  J  X  A  E  E  Q  Z  E  U  U  F
U  H  C  A  L  E  N  D  A  R  I  O  Q  J  P  D
```

ANUAL	MINUTO
ANTES	MES
CALENDARIO	MAÑÁ
SÉCULO	NOITE
RELOXO	MEDIODÍA
DÍA	AGORA
DÉCADA	PRONTO
TEMPO	HOXE
FUTURO	SEMANA
HORA	ANO

43 - Buildings

```
Y  N  B  T  T  B  G  F  N  G  D  T  H  S  N  A
S  W  I  I  O  E  T  E  N  D  A  P  Ó  U  F  P
M  U  S  E  O  R  A  L  O  C  S  E  R  P  Á  A
C  C  P  B  O  Y  R  T  G  U  Z  B  R  E  B  R
I  A  K  I  R  H  P  E  R  A  I  B  E  R  R  T
N  S  F  B  B  P  O  L  J  O  D  J  O  M  I  A
E  T  I  W  G  J  I  S  T  A  P  P  F  E  C  M
P  E  X  L  I  G  R  X  P  Y  V  G  A  R  A  E
G  L  E  T  O  H  O  A  N  I  B  A  C  C  B  N
A  O  U  C  X  C  T  S  Y  W  T  R  H  A  S  T
N  I  G  I  L  E  A  Y  A  H  L  A  B  D  B  O
Q  D  R  J  W  N  R  S  R  H  J  X  L  O  V  J
Y  A  E  O  I  R  O  T  A  V  R  E  S  B  O  S
O  T  B  T  J  A  B  Y  B  T  N  Y  Z  H  E  F
S  S  L  O  Z  K  A  D  A  X  I  A  B  M  E  O
C  E  A  F  I  Z  L  T  C  M  S  T  T  A  H  X
```

APARTAMENTO	LABORATORIO
HÓRREO	MUSEO
CABINA	OBSERVATORIO
CASTELO	ESCOLA
CINE	ESTADIO
EMBAIXADA	SUPERMERCADO
FÁBRICA	TENDA
HOSPITAL	TEATRO
ALBERGUE	TORRE
HOTEL	

44 - Philanthropy

```
C N Q W C H I S T O R I A E R G
M O A W S O V I T C E X B O E R
K C N V E C M J V W I M K L T U
X I N T D A L U U J X V R K O P
W L N F A S Z E N Ó I S I M S O
O B Y O D C J U R I E E O G A S
F Ú F N I H T O K F D D S M A
S P Q D N A U O X X N A C L A Z
K P T O A Q I A S E F D D X R N
N Z U S M C D S O D N I N E G A
E Z S I U W B H G A E T N F O N
B S J L H C K P Y D I S E I R I
B S N E N O S F A I V E C V P F
U I E D A D I S O R E N E X M W
O X F J Q Y X P L A B O L G B O
X U V E N T U D E C B H U B Y T
```

RETOS
CARIDADE
NENOS
COMUNIDADE
CONTACTOS
FINANZAS
FONDOS
XENEROSIDADE
GLOBAL
OBXECTIVOS

GRUPOS
HISTORIA
HONESTIDADE
HUMANIDADE
MISIÓN
XENTE
PROGRAMAS
PÚBLICO
XUVENTUDE

45 - Herbalism

```
D W E M Y B N L M T J A N I I A
A L B A H A C A A O V R R Z N L
T Ñ K G V E R F N Í D R A X G L
N Z I E B V L K J Q P F U M R O
A C T C G V J G E D R E V E E L
L V T A O F B O R O B A S N D A
P F I U N C H O O A A S Q T I V
P K G Y Q Z P C N J Z B U A E A
B E X A V A D I A T A Z K N N N
P T R U U M U T V S F T D J T D
F Y P E D A P Á U V R J F U E A
R L I M X B Y M L P Á G W T Q N
K S O O X I V O U T N O V G D D
Z L Q R E O L R W O R É G A N O
Q E A V D I J A T A R R A G Ó N
B E N E F I C I O S O D S Q G R
```

AROMÁTICO	INGREDIENTE
ALBAHACA	LAVANDA
BENEFICIOSO	MANJERONA
COCIÑA	MENTA
FIUNCHO	ORÉGANO
SABOR	PEREXIL
FLOR	PLANTA
XARDÍN	ROMEU
ALLO	AZAFRÁN
VERDE	TARRAGÓN

46 - Vehicles

```
E  X  Z  F  G  F  U  S  U  A  N  H  I  X  B  V
T  E  F  X  B  W  Z  K  N  V  A  W  J  N  A  L
T  M  Q  N  F  L  N  W  R  G  D  N  H  U  R  S
S  R  Y  Y  O  T  N  A  Z  V  J  X  M  S  C  S
C  O  A  H  E  L  I  C  Ó  P  T  E  R  O  O  U
O  T  T  N  A  V  H  P  C  P  X  S  Q  I  I  B
O  O  E  Ó  S  Z  B  R  X  A  S  L  A  B  C  M
T  M  L  I  T  P  Q  I  Q  T  R  H  O  V  D  A
E  J  C  V  R  P  O  F  M  A  L  A  K  B  P  R
R  Y  I  A  E  T  R  R  K  X  Z  D  V  C  B  I
X  I  C  A  N  Z  T  B  T  I  G  C  X  A  H  N
N  R  I  H  C  S  E  Y  Y  E  N  O  B  F  N  O
C  B  B  R  C  A  M  I  Ó  N  K  C  A  C  G  A
P  N  E  U  M  Á  T  I  C  O  S  H  M  H  E  X
G  Z  T  R  A  C  T  O  R  R  A  E  E  F  G  H
Z  X  B  P  S  F  O  G  U  E  T  E  T  Q  Q  H
```

AVIÓN
BICICLETA
BARCO
COCHE
CARAVANA
BALSA
HELICÓPTERO
MOTOR
FOGUETE
SCOOTER

TRANSPORTE
SUBMARINO
METRO
TAXI
PNEUMÁTICOS
TRACTOR
TREN
CAMIÓN
VAN

47 - Flowers

```
F E M E E V Q F Q T W O F B P P
P I G A X W R W K U X O N X E K
R O X C R H Y D W L O U I J Ó V
T D X I J A B J I I B N O E N D
Y C T O K Q C K L P M N T D Y A
X A Z M Í N R U L Á B N N Y N N
B I S Z Q N U A J N D S F Q A D
P L Á O Z U Y I M Á A D Q K L E
É O L K R I B N B O T R É V O L
T N I Y M P K E Z I O D P W P I
A G L L H X W D K B T G P V A O
L A E D Í U Q R O P N A Y B M N
O M F T W T Z A T I R A G R A M
Z E H N F E N G X I R A S O L W
L A V A N D A L U D N É L A C X
H I B I S C U S X Q M I Q T J E
```

RAMO
CALÉNDULA
TRÉVO
MARGARITA
DANDELION
GARDENIA
HIBISCUS
XAZMÍN
LAVANDA
LILÁS

MAGNOLIA
ORQUÍDEA
MARACUJÁ
PEÓN
PÉTALO
AMAPOLA
ROSA
XIRASOL
TULIPÁN

48 - Health and Wellness #1

```
T V I R U S P F O T E R N W L X
U E T P G D I R O T U O D N E F
C O R D K I S A N O M R O H S P
R G S A P Y Y C G T D M B Q I E
D E Y C P S A T Z I Z Ú A A Ó L
L X F R J I V U T B Y S C N N C
I Q P L L A R F Á V C T U V O
X Y H N E B Z A A H H U E Q B V
F A M E M X V R R V O L R G F R
U H J W L X O U M U J O I Q U K
K E X Z P P X T A T T S A H E E
O S O S T U V S C P B L S Z T K
J O G T I R W O I E R A A M Q S
H K Y L Y F J P A C I N Í L C K
B P K E D T R A T A M E N T O G
A C T I V O M E D I C I N A C U
```

ACTIVO
BACTERIAS
OSOS
CLÍNICA
DOUTOR
FRACTURA
HÁBITO
ALTURA
HORMONAS
FAME

LESIÓN
MEDICINA
MÚSCULOS
FARMACIA
POSTURA
REFLEXO
PEL
TERAPIA
TRATAMENTO
VIRUS

49 - Town

```
H G K M V G M L K K W T D Q L P
G O O Z U G G P F L O R I S T A
A M T L R D N O Q U M L Y G D A
L E R E I I E D D V K U M R M I
E D W G L K P A D D Q A S X Q F
R A C I N Í L C Z O Z E P E N A
Í D N E X J P R J I Z R A N O R
A I G V X J T E N D A O N I R M
E S C O L A G M C A G P A C T A
N R I D B I Q R N T Y O D W A C
F E R A B R F E F S B R E N E I
C V C C N E P P Z E H T R U T A
W I B R E R S U N U L O Í J P Z
D N E E S B K S G T A P A Q N K
H U T M B I B L I O T E C A F Q
B A N C O L O P X I M X J M Y N
```

AEROPORTO
PANADERÍA
BANCO
LIBRERIA
CINE
CLÍNICA
FLORISTA
GALERÍA
HOTEL
BIBLIOTECA

MERCADO
MUSEO
FARMACIA
ESCOLA
ESTADIO
TENDA
SUPERMERCADO
TEATRO
UNIVERSIDADE
ZOO

50 - Antarctica

```
P  Z  Z  A  B  T  D  P  B  I  K  D  L  K  C  O
E  Q  X  Z  M  O  C  E  U  B  S  H  M  C  C  T
N  S  O  C  I  F  Í  T  N  E  I  C  O  W  P  G
Í  I  C  L  G  M  I  N  E  R  A  I  S  E  E  T
N  G  S  U  R  O  D  A  G  I  T  S  E  V  N  I
S  X  E  O  A  Í  F  A  R  G  O  P  O  T  J  T
U  V  B  M  C  C  O  N  T  I  N  E  N  T  E  V
L  I  U  Z  I  G  L  A  C  I  A  R  E  S  C  A
A  T  N  N  Ó  I  C  A  V  R  E  S  N  O  C  Í
A  G  U  A  N  Ó  I  C  I  D  E  P  X  E  E  F
D  V  L  C  S  W  R  O  C  K  Y  V  B  A  I  A
A  F  E  H  T  E  M  P  E  R  A  T  U  R  A  R
E  H  I  S  E  I  L  L  A  S  F  X  R  D  E  G
S  V  Y  N  E  O  F  M  O  S  Q  F  N  F  I  O
N  Y  N  A  O  V  O  M  V  V  K  T  F  F  J  E
E  O  E  M  X  J  C  A  D  P  Q  Z  H  P  X  X
```

BAIA	ILLAS
AVES	MIGRACIÓN
NUBES	MINERAIS
CONSERVACIÓN	PENÍNSULA
CONTINENTE	INVESTIGADOR
ENSEADA	ROCKY
EXPEDICIÓN	CIENTÍFICO
XEOGRAFÍA	TEMPERATURA
GLACIARES	TOPOGRAFÍA
XEO	AUGA

51 - Ballet

```
R  X  K  E  E  X  P  R  E  S  I  V  O  G  P  X
G  E  A  N  S  E  D  X  W  Y  K  X  I  E  L  G
M  S  Q  S  T  V  Q  Z  U  C  O  Z  J  F  V  R
Ú  T  F  A  C  I  N  C  É  T  X  A  U  B  E  A
S  O  R  I  I  N  T  E  N  S  I  D  A  D  E  C
I  A  I  O  T  U  R  X  J  Z  J  O  K  I  V  I
C  Í  S  N  Í  R  A  L  I  A  B  O  K  Q  T  O
A  F  M  S  L  V  O  O  L  I  T  S  E  J  E  S
D  A  C  I  T  S  Í  T  R  A  W  C  A  T  U  A
W  R  J  V  M  O  O  Z  I  Q  I  F  T  X  S  Y
W  G  H  G  B  L  B  S  O  S  U  A  L  P  A  H
C  O  M  X  S  U  U  D  W  T  O  E  F  K  K  H
N  E  L  K  J  C  W  R  G  Q  H  P  S  Z  U  P
A  R  X  A  Z  S  V  V  L  G  O  O  M  T  I  R
M  O  W  H  T  Ú  F  P  Ú  B  L  I  C  O  R  D
W  C  P  M  D  M  E  X  M  E  J  C  A  Q  C  A
```

APLAUSOS
ARTÍSTICA
PÚBLICO
COREOGRAFÍA
COMPOSITOR
BAILARÍNS
EXPRESIVO
XESTO
GRACIOSA

INTENSIDADE
MÚSCULOS
MÚSICA
ORQUESTRA
ENSAIO
RITMO
ESTILO
TÉCNICA

52 - Fashion

```
S  I  N  M  D  Y  M  S  B  R  S  D  L  W  P  M
E  C  D  V  O  D  I  C  E  T  O  L  I  T  S  E
I  F  H  N  N  D  W  E  U  V  R  U  T  T  N  Y
Q  C  C  R  R  O  E  N  Q  M  M  Z  P  K  Ó  F
S  A  Ó  J  E  L  K  S  I  H  G  A  P  A  T  A
H  R  M  O  D  A  C  I  T  S  I  F  O  S  O  H
J  O  O  L  O  N  M  G  U  O  V  C  B  I  B  I
T  C  D  F  M  I  D  O  O  B  O  R  D  A  D  O
M  X  O  G  H  X  D  X  B  P  A  T  R  Ó  N  R
T  E  M  I  N  I  M  A  L  I  S  T  A  C  A  E
E  B  D  D  Z  R  S  I  M  P  L  E  G  V  L  N
X  A  Z  I  W  O  T  E  N  D  E  N  C  I  A  D
T  J  V  X  D  P  I  P  S  U  D  P  U  I  B  A
U  U  E  T  N  A  G  E  L  E  R  A  U  R  V  S
R  W  D  T  N  U  S  U  O  O  L  A  W  R  S  R
A  V  V  K  K  K  M  M  V  C  W  M  M  Y  W  R
```

BOUTIQUE	MINIMALISTA
BOTÓNS	MODERNO
ROUPA	MODESTO
CÓMODO	ORIXINAL
ELEGANTE	PATRÓN
BORDADO	SIMPLE
CARO	SOFISTICADO
TECIDO	ESTILO
RENDAS	TEXTURA
MEDIDAS	TENDENCIA

53 - Human Body

```
N A M D B T U O D H A A X V P G
A C F D Z I O C O Z M N E R Q G
R O D A B Ó C F T Y A X O D E D
I B M X E H T R U F N Q N F D J
Z Z G Z J X X X T S D K L E P R
F E L P Q U E I X O Í C L O H Z
X O L L E C O N O S B M O P M V
C E U N J R S B C O U R R E P Y
Q A F R A Z N Z Y M L P B C Q R
Q L R E U G N A S B A E E U Q V
A L D A A C W U O R V S R Y G B
Y E N W T C B X X O I C E B O V
C R G T Q N F K R O Y O C D J P
B O A R F Y U J U F H Z P Y J H
K V I Z C O R A Z Ó N O L X C J
N Y J A Z A D I A I C H S B D I
```

NOCELLO
SANGUE
OSOS
CEREBRO
QUEIXO
ORELLA
CÓBADO
CARA
DEDO
MAN

XEFE
CORAZÓN
MANDÍBULA
XEONLLO
PERNA
BOCA
PESCOZO
NARIZ
OMBRO
PEL

54 - Musical Instruments

```
C  X  T  J  T  F  I  J  O  X  P  Y  P  B  P  G
B  A  U  X  R  A  P  R  A  U  A  G  V  D  E  D
A  R  H  H  U  T  M  I  L  O  D  N  A  B  R  I
N  R  L  Y  S  U  J  B  P  I  W  O  R  M  C  P
J  C  R  E  Z  A  N  C  O  I  T  G  L  I  U  A
O  I  M  A  E  R  G  Q  X  R  R  J  A  Q  S  N
N  G  U  K  T  F  R  G  V  Z  O  N  S  H  I  D
A  H  U  Q  E  I  W  W  R  Z  M  B  A  F  Ó  E
I  L  D  A  N  O  U  G  T  T  P  L  X  P  N  I
P  X  F  T  I  M  B  G  J  J  E  F  O  I  Í  R
G  N  I  W  R  X  K  O  B  N  T  B  F  E  L  O
O  H  V  V  A  K  W  E  É  V  A  N  Ó  Q  O  Q
A  G  U  Q  L  F  A  G  O  T  E  P  N  S  I  D
E  S  Q  H  C  T  R  O  M  B  Ó  N  P  Q  V  P
C  E  L  L  O  T  L  L  G  A  I  T  A  K  U  G
G  T  K  Z  Q  V  F  X  T  A  H  L  G  P  G  Z
```

BANJO	BANDOLIM
FAGOTE	OBOÉ
CELLO	PERCUSIÓN
CLARINETE	PIANO
TAMBOR	SAXOFÓN
FRAUTA	PANDEIRO
GONG	TROMBÓN
GUITARRA	TROMPETA
GAITA	VIOLÍN
ARPA	

55 - Fruit

```
K  Q  B  F  G  W  H  F  Z  I  Z  T  C  A  A  F
I  W  K  A  G  A  C  A  U  Z  T  Q  O  L  G  R
W  U  W  X  H  I  M  T  P  M  T  U  C  B  U  A
I  N  Y  C  F  S  W  I  K  S  F  K  O  A  A  M
M  K  R  F  G  N  W  I  J  Á  Z  A  M  R  C  B
M  Y  G  O  I  A  B  A  G  N  A  M  H  I  A  O
M  W  Q  S  C  D  R  X  V  A  X  V  L  C  T  E
A  N  I  R  A  T  C  E  N  N  I  H  U  O  E  S
M  R  W  O  G  E  X  E  P  A  E  D  F  Q  I  A
Á  X  B  N  M  E  L  Ó  N  G  R  B  C  U  X  Q
A  X  N  A  R  A  L  L  W  A  E  F  I  E  V  M
R  Y  T  T  V  N  H  I  K  B  C  L  Y  E  W  R
H  F  Z  Á  Y  C  K  K  M  D  A  S  U  R  L  K
G  C  V  L  W  P  N  K  Y  Ó  D  E  S  X  C  D
N  Y  D  P  N  B  T  M  I  I  N  Z  J  L  M  W
M  Y  V  X  B  F  I  Q  O  J  Y  L  B  K  M  F
```

MAZÁ	LIMÓN
ALBARICOQUE	MANGA
AGUACATE	MELÓN
PLÁTANO	NECTARINA
BAGA	LARANXA
CEREIXA	MAMÁ
COCO	PEXEGO
UVA	PERA
GOIABA	ANANÁS
KIWI	FRAMBOESA

56 - Engineering

```
Q D N B R T S P F A B F M X F P
J I Ó J D F B A N I U Q Á M G J
N A I V H D Z L E S E I D T Y D
Ó G C C U C V A Í X R E N E N M
I R U R A M F N D I Á M E T R O
C A B U B F G C R Á M N A Z U X
I M I X K V M A M W N O K N B I
D A R A P U A S X M W G T Q A E
E S T A B I L I D A D E U O Z R
M T S E N G R E N A X E S L R C
N Ó I S L U P O R P M V K J O Á
G O D I U Q Í L U U A D E U F L
O D W P R O F U N D I D A D E C
C O N S T R U C I Ó N P M P K U
E S T R U T U R A R H V F J K L
A J U Z Y V Z L J Y R B U J F O
```

ÁNGULO	ENGRENAXES
EIXO	PALANCAS
CÁLCULO	LÍQUIDO
CONSTRUCIÓN	MÁQUINA
PROFUNDIDADE	MEDICIÓN
DIAGRAMA	MOTOR
DIÁMETRO	PROPULSIÓN
DIESEL	ESTABILIDADE
DISTRIBUCIÓN	FORZA
ENERXÍA	ESTRUTURA

57 - Government

```
M O N U M E N T O N E D Q O N K
P I Ó C G R D E M O C R A C I A
A W I O I E L O I Z K R H P J Q
C L C R K D Y G A L B J J V L C
Í O A R M Í A L A F T J H N J O
F P N Y O L V D G D C Y V Ó H N
I O D A T S E D A D R E B I L S
C L U Z I X O R X N U C N S A T
O Í Y I R G O M V O Í H M U I I
D T U T T Q U S H W G A O C C T
U I S S S W N A Í A X Y E S I U
Q C A U I F D K L M Y S F I D C
B A K X D P C N I D B Z G D U I
X S I K F F E T V V A O I P X Ó
K Y R E Z O F G I L E D L G D N
Y O G E E Y G L C C C Q E O N Q
```

CIDADANÍA	LÍDER
CIVIL	LIBERDADE
CONSTITUCIÓN	MONUMENTO
DEMOCRACIA	NACIÓN
DISCUSIÓN	PACÍFICO
DISTRITO	POLÍTICA
IGUALDADE	FALA
XUDICIAL	ESTADO
XUSTIZA	SÍMBOLO
LEI	

58 - Science Fiction

```
I  M  A  X  I  N  A  R  I  O  D  N  U  M  P  E
Y  T  K  W  D  O  A  I  L  V  T  O  W  W  L  X
V  S  D  P  I  P  F  U  C  I  F  X  B  R  A  P
S  D  I  S  T  O  P  Í  A  N  B  F  Q  O  N  L
W  S  J  Y  E  C  U  E  L  C  A  R  O  A  E  O
C  C  S  F  Y  P  U  I  S  I  Í  T  O  T  T  S
Z  S  Y  O  P  H  S  S  A  E  P  T  S  S  A  I
C  O  Z  R  O  F  S  E  T  G  O  E  O  I  N  Ó
M  C  B  R  F  Z  B  X  Ó  A  T  C  I  R  D  N
E  I  L  U  S  I  Ó  N  M  L  U  N  R  U  V  L
N  M  F  T  Z  I  U  I  I  A  E  O  E  T  X  K
I  Í  U  L  O  U  F  A  C  X  M  L  T  U  H  B
C  U  O  L  C  D  A  O  A  I  G  O  S  F  V  Z
F  Q  E  X  T  R  E  M  O  A  S  X  I  X  A  U
P  Z  B  B  C  C  W  H  X  D  S  Í  M  K  G  X
G  X  Q  S  I  G  I  I  B  J  L  A  C  R  B  R
```

ATÓMICA	FUTURISTA
LIBROS	GALAXIA
QUÍMICOS	ILUSIÓN
CINE	IMAXINARIO
DISTANCIA	MISTERIOSO
DISTOPÍA	ORACLE
EXPLOSIÓN	PLANETA
EXTREMO	TECNOLOXÍA
ESFORZO	UTOPÍA
LUME	MUNDO

59 - Geometry

```
I  R  P  U  V  T  O  G  O  R  E  D  Q  H  T  C
P  T  T  M  J  B  Y  N  K  A  C  I  F  O  L  T
A  Y  F  M  T  P  B  L  N  Z  U  M  R  R  X  Z
R  O  G  T  A  G  S  Z  T  A  A  E  Z  I  E  O
A  Á  F  S  V  L  N  L  T  I  C  N  C  Z  L  L
L  N  B  I  W  Ó  D  Ú  Z  R  I  S  G  O  M  U
E  G  X  I  B  X  T  I  M  T  Ó  I  K  N  E  G
L  U  U  P  X  I  F  B  Á  E  N  Ó  B  T  Y  N
O  L  Q  N  V  C  F  H  S  M  R  N  N  A  X  Á
A  O  U  J  U  A  S  I  M  I  E  O  A  L  R  I
E  I  C  I  F  R  E  P  U  S  B  T  V  U  I  R
P  X  W  O  L  U  C  R  Í  C  A  Í  R  O  E  T
Z  N  F  Y  O  T  N  E  M  G  E  S  U  O  I  R
Q  Q  J  Y  Q  L  C  L  C  C  Á  L  C  U  L  O
M  E  D  I  A  A  P  R  O  P  O  R  C  I  Ó  N
D  D  E  O  X  D  D  M  G  X  N  X  N  O  Z  W
```

ÁNGULO
CÁLCULO
CÍRCULO
CURVA
DIÁMETRO
DIMENSIÓN
ECUACIÓN
ALTURA
HORIZONTAL
LÓXICA

MISA
MEDIA
NÚMERO
PARALELO
PROPORCIÓN
SEGMENTO
SUPERFICIE
SIMETRIA
TEORÍA
TRIÁNGULO

60 - Creativity

```
Z  X  I  I  N  S  P  I  R  A  C  I  Ó  N  N  H
L  Q  R  M  E  D  A  D  I  L  A  T  I  V  U  G
S  T  K  I  P  F  Y  O  F  Z  B  Q  N  Z  X  I
E  D  A  D  I  R  A  L  C  I  S  C  V  F  Q  M
M  O  E  E  Q  W  E  O  I  S  O  O  E  S  N  A
S  W  O  A  Z  R  A  S  H  P  S  O  N  K  Q  X
I  L  C  S  E  D  A  D  I  S  N  E  T  N  I  I
X  N  I  W  B  D  U  S  N  Ó  I  S  I  V  B  N
T  Ó  T  M  M  H  S  C  F  K  N  B  V  Z  U  A
F  I  Á  U  W  F  A  J  P  C  E  X  A  M  I  C
L  S  M  K  I  E  S  P  O  N  T  Á  N  E  A  I
U  E  A  A  A  C  I  T  S  Í  T  R  A  D  I  Ó
I  R  R  U  U  W  I  E  M  O  C  I  Ó  N  S  N
D  P  D  R  O  B  G  Ó  V  W  Q  Y  H  Q  M  E
E  X  C  Z  R  S  O  T  N  E  M  I  T  N  E  S
Z  E  A  U  T  E  N  T  I  C  I  D  A  D  E  G
```

ARTÍSTICA	IMAXINACIÓN
AUTENTICIDADE	IMPRESIÓN
CLARIDADE	INSPIRACIÓN
DRAMÁTICO	INTENSIDADE
EMOCIÓNS	INTUICIÓN
EXPRESIÓN	INVENTIVA
SENTIMENTOS	ESPONTÁNEA
FLUIDEZ	VISIÓNS
IDEAS	VITALIDADE
IMAXE	

61 - Airplanes

```
Y B I W V H É L I C E S C P F T
L E F H B U P A A W J R O A O X
N Ó I C A L U P I R T G M S N A
C M G Z I Q B W M R G L B A I F
R Q A R U T N E V A E O U X A J
Y N Ó I C C E R I D H B S E T P
M O T O R B S A P R I O T I M O
P Ñ H T U O A O G V J E I R O G
W E Y O F K T I M R N C B O S E
C S E L D I O S X M K V L P F C
C E X I T T P G I A X V E O E E
O D N P C V P I U H D F F U R S
C O N S T R U C I Ó N A P S A C
H I D R Ó X E N O X N W E O W C
E W W A Y L N A L T U R A X S Q
B X D K Z T U R B U L E N C I A
```

AVENTURA
AIRE
ATMOSFERA
GLOBO
CONSTRUCIÓN
TRIPULACIÓN
BAIXADA
DESEÑO
DIRECCIÓN
MOTOR

COMBUSTIBLE
ALTURA
HISTORIA
HIDRÓXENO
POUSO
PASAXEIRO
PILOTO
HÉLICES
CEO
TURBULENCIA

62 - Ocean

```
B H I I A V I E F I C E R R A C
A J G Z K N S X S L D X F K N A
L C W W K T A R T A R U G A G N
E Á V R T O S X Z P O V C L U G
A M X L P J U E U A E N N D I R
I A T X W C D S C R L I D P A E
K R M I U V E P Y Z P X X A G X
A A L B O H M O A L G A S E S O
L I E H M B Q N V A M M Z K P K
T O G H M Q K X Y S K R G L L I
G O L F I Ñ O A T O R M E N T A
N P L T I B U R Ó N C B Z K N J
H X M U C T K T A R R O B L O P
C N F S E N H S T M B J R Z E Q
M A R E A S T O Ú Z W Z Q A W G
V V F F V L A S N B H U A O L A
```

CORAL	ALGAS
CANGREXO	TIBURÓN
GOLFIÑO	CÁMARA
ANGUIA	ESPONXA
PEIXE	TORMENTA
MEDUSAS	MAREAS
POLBO	ATÚN
OSTRA	TARTARUGA
ARRECIFE	ONDAS
SAL	BALEA

63 - Birds

```
X Q P W F B P Y N V K A L C F R
P P Z I I W O T R G C Z G A L H
B L C E N S I C L J N U U N A Y
V G M N Q G P J J P C R X A M P
B O U J P N Ü V Q P A T O R I G
D J H M Z W Z Í K C Z S V I N H
P P A R D A Ñ O N E R E R A G E
S O E G M X C C V G A V O S O N
P X L R V I X U O O G A C P D V
Q I M O B D J C E Ñ W T U F C T
G A N S O N D T B A H O I C K T
T Y Á J C B N F T N Ó V A P P O
Á J C S Q K U O N A C I L E P F
G G U P P R M Y B M D A E E T B
U Q O M M P C Z O I A G A P A P
A D T P S X B U Y O T T L B P N
```

CANARIAS   GARZA
POLO   AVESTRUZ
CORVO   PAPAGAIO
CUCO   PAVÓN
PATO   PELICANO
ÁGUA   PINGÜÍN
OVO   PARDAÑO
FLAMINGO   CEGOÑA
GANSO   CISNE
GAIVOTA   TOUCÁN

64 - Art

```
V Q B C W S U R R E A L I S M O
I L X C R F J X E T P Y P N B N
S N N Á R S R X K J Q X S U T G
U A F B N B N R E T R A T A R N
A S A K Ó I Q I Q K Z A R B T V
L C B Z I E M O A L P Z G D Q J
V B L L C T S O D A R I P S N I
T E M A I K A C I M Á R E C E P
C H A O S D R Q U O P F X O X L
O H I S O J U O C L O R B A P T
M M T R P B T J C O T X K Q R S
P C K E M J N M M B S U X V E I
L I H P O C I W E M E E R E S M
E U L A C S P L U Í N Q U A I P
X O R I X I N A L S O S L S Ó L
O F P O E S Í A H U H U Q W N E
```

CERÁMICA	PERSOAL
COMPLEXO	POESÍA
COMPOSICIÓN	RETRATAR
EXPRESIÓN	ESCULTURA
HONESTO	SIMPLE
INSPIRADO	TEMA
ÁNIMO	SURREALISMO
ORIXINAL	SÍMBOLO
PINTURAS	VISUAL

65 - Politics

```
L I O G C S P M S E L L P E Y D
I M P O A H O I G U A L D A D E
B P I B N L L F Y P I C W G X V
E O N E D L Í E R G R O D H N M
R S I R I A T M Y Q O N J H X N
D T Ó N D Ñ I Z G F T S T K P A
A O N O A A C X G Y I E Q C O C
D S C L T P O Q E N V L Z O L I
E I Q L O M Y Z Y T P L C M Í O
É T I C A A E C L P A O R I T N
D M N Ó I C C E L E S R A T I A
P O P U L A R I D A D E T É C L
A C T I V I S T A N T E A S A W
U D K Y H J E H D Q K Q T E E F
Z W T A R B R L K H O F L H G S
B N Z N L U A J W C M C D Z S N
```

ACTIVISTA
CAMPAÑA
CANDIDATO
SELECCIÓN
COMITÉ
CONSELLO
IGUALDADE
ÉTICA
LIBERDADE

GOBERNO
NACIONAL
OPINIÓN
POLÍTICA
POLÍTICO
POPULARIDADE
ESTRATEXIA
IMPOSTOS
VITORIA

66 - Nutrition

J	R	K	R	S	A	N	Í	E	T	O	R	P	F	Y	N
L	E	D	O	A	N	I	X	O	T	D	N	L	E	H	B
P	A	E	L	B	I	T	S	E	M	O	C	O	R	O	K
Z	E	F	A	O	M	H	J	D	U	D	E	O	M	C	P
J	T	S	C	R	A	Z	K	A	L	A	Y	S	E	P	D
F	M	Y	O	M	T	T	Q	D	Í	R	U	N	N	Q	P
S	A	Ú	D	E	I	D	P	I	Q	B	N	X	T	W	R
S	N	U	P	Y	V	C	W	L	U	I	Ó	V	A	D	R
K	A	C	G	I	S	N	R	A	I	L	I	C	C	F	N
S	I	L	F	L	X	X	A	C	D	I	T	B	I	J	J
D	U	G	S	W	X	P	I	B	O	U	S	X	Ó	E	D
M	T	R	R	A	C	V	L	K	S	Q	E	R	N	K	I
Q	E	O	T	I	T	E	P	A	R	E	X	M	K	V	Z
E	A	R	E	M	E	E	N	U	T	R	I	E	N	T	E
I	N	Z	F	H	Á	B	I	T	O	S	D	V	E	K	O
S	A	U	D	A	B	L	E	D	E	A	M	A	R	G	O

APETITO
EQUILIBRADO
AMARGO
CALOR
DIETA
DIXESTIÓN
COMESTIBLE
FERMENTACIÓN
SABOR
HÁBITOS

SAÚDE
SAUDABLE
LÍQUIDOS
NUTRIENTE
PROTEÍNAS
CALIDADE
SALSA
TOXINA
VITAMINA
PESO

67 - Hiking

```
A P E N E D O D A S E P P A L G
N Ó I C A T N E I R O T E H Y U
I P E T P O A C A X N Y D C D O
M E R X A Ñ A T N O M S R F H H
A M P E M J C C U U A I A Y T D
I Y E W P M X F Q B G C S X F I
S A T O B A M I L C R I S C O S
O P S G D K R S A L V A X E F E
T I Y P S B Q A V A X E C K U U
I M G I J O J W C C X D I D G Q
U R Y Z E T H M O I J M L S U R
Q R F F R V P L V Y Ó C D O F A
S A U G A Z E R U T A N A L D P
O B E M K R F Z V P Y N E N P O
M V M L P P N B D W R S L R S Y
S A U D R S G K S R J F L O R O
```

ANIMAIS
BOTAS
PENEDO
CLIMA
RISCOS
PESADO
MAPA
MOSQUITOS
MONTAÑA

NATUREZA
ORIENTACIÓN
PARQUES
PREPARACIÓN
PEDRAS
SOL
CANSO
AUGA
SALVAXE

68 - Professions #1

```
C  Y  E  L  O  G  J  Y  F  M  E  A  Z  F  U  W
A  U  D  G  P  I  A  V  O  A  F  D  F  G  M  F
R  G  I  W  P  X  H  W  N  R  R  I  I  T  D  D
T  O  E  G  S  K  H  G  T  I  Q  D  B  T  R  O
O  M  K  R  F  I  D  Q  A  Ñ  X  E  A  B  O  O
G  O  D  O  U  T  O  R  N  E  E  M  I  B  D  R
R  N  L  D  R  G  X  V  E  I  Ó  A  L  D  A  O
A  O  A  A  X  I  H  Y  I  R  L  E  A  Z  X  D
F  R  T  Z  L  M  E  Y  R  O  O  F  R  M  I  A
O  T  S  A  P  Y  B  I  O  W  G  O  Í  U  A  R
P  S  I  C  Ó  L  O  G  O  G  O  X  N  S  B  T
B  A  N  Q  U  E  I  R  O  X  I  N  H  I  M  S
G  M  A  E  N  F  E  R  M  E  I  R  A  C  E  E
R  O  I  R  A  N  I  R  E  T  E  V  W  O  S  D
J  V  P  H  E  D  O  U  F  A  A  X  Y  L  X  A
A  V  O  G  A  D  O  T  C  B  F  N  I  E  X  Q
```

EMBAIXADOR	CAZADOR
ASTRONOMO	XOIEIRO
AVOGADO	MÚSICO
BANQUEIRO	ENFERMEIRA
CARTOGRAFO	PIANISTA
ADESTRADOR	FONTANEIRO
BAILARÍN	PSICÓLOGO
DOUTOR	MARIÑEIRO
EDITOR	A MEDIDA
XEÓLOGO	VETERINARIO

69 - Barbecues

```
A L I M E N T O S T U F N E X L
F B C G J H I F H J N Y E R Z A
J R W T Q A U M V Y W U I I O T
L W O E R L B C L H I E G O G J
C T T I T O M A T E S O F R A G
V O C E T N E U Q Q F M R E X K
E K I H J A A N Á R E V W N N N
Q H Y T W A L L E R G A T S R K
O P Z U E S C Y S N J K S A G V
W C L X P L B X B P O Z A L M E
M Ú S I C A O C E A X S L A X R
H I O Y P S L S K C O I C D C D
X J G T J U K H P N G N Q A C U
N W I M H D R P O N O R U S U R
L U M B B K U P L X S Y U L J A
O F A M I L I A O G S F A M E S
```

POLO
NENOS
CEA
FAMILIA
ALIMENTOS
GARFOS
AMIGOS
FROITA
XOGOS
GRELLA

QUENTE
FAME
COITELOS
MÚSICA
ENSALADAS
SAL
SALSA
VERÁN
TOMATES
VERDURAS

70 - Vegetables

```
P  V  J  J  W  O  O  U  E  K  R  C  E  W  C  C
Z  B  P  J  C  A  L  C  G  B  A  E  N  K  O  I
X  T  I  M  X  D  L  P  W  K  B  B  S  P  L  V
E  R  V  I  L  H  A  C  W  Y  A  O  A  M  I  R
G  I  X  B  G  X  C  Ñ  A  R  N  L  L  A  F  N
P  H  O  L  E  M  U  G  O  C  O  A  A  M  L  S
C  E  N  O  R  I  A  F  I  L  H  B  D  X  O  Z
K  Z  T  Q  X  N  D  R  P  I  A  O  A  E  R  B
E  W  X  K  Z  X  C  S  A  X  Z  H  F  O  J  E
T  S  C  A  V  F  B  N  G  E  A  T  C  A  J  R
A  M  P  R  A  R  N  A  U  R  B  B  M  A  L  E
M  O  Ñ  I  P  E  P  B  P  E  A  Q  F  M  P  N
O  D  N  C  N  H  V  O  X  P  C  G  Z  U  I  X
T  B  S  L  B  A  E  N  X  E  B  R  E  N  V  E
R  U  Z  C  H  R  C  B  R  Ó  C  O  L  I  S  N
Q  X  Y  M  R  X  F  A  V  L  R  H  Z  J  T  A
```

ALCACHOFA	CEBOLA
BRÓCOLIS	PEREXIL
CENORIA	ERVILHA
COLIFLOR	CABAZA
APIO	RABANO
PEPIÑO	ENSALADA
BERENXENA	CHALOÑA
ALLO	ESPINACA
ENXEBRE	TOMATE
COGUMELO	NABO

71 - The Media

```
T  E  L  E  V  I  S  I  Ó  N  E  F  D  H  N  E
Z  W  R  W  Q  T  J  B  E  X  D  E  I  R  Ó  C
I  S  T  G  G  B  R  H  O  H  U  I  G  E  I  J
O  E  S  K  L  R  J  X  S  B  C  T  Y  V  C  X
R  E  D  E  F  O  T  O  S  F  A  O  C  I  A  B
A  M  E  L  F  I  M  R  X  S  C  S  O  S  C  C
S  I  A  U  D  I  V  I  D  N  I  M  P  T  I  M
H  U  W  Q  Y  P  F  L  B  C  Ó  A  I  A  N  B
O  C  I  L  B  Ú  P  C  J  O  N  Q  N  S  U  G
I  N  D  U  S  T  R  I  A  M  F  S  I  R  M  L
D  Ó  L  L  R  V  X  W  O  E  S  I  Ó  D  O  V
A  I  H  O  T  Q  Y  Q  M  R  I  I  N  K  C  X
R  C  S  Z  C  L  A  U  T  C  E  L  E  T  N  I
A  I  P  W  L  A  T  I  X  I  D  F  W  R  D  M
H  D  H  G  H  Q  L  A  X  A  E  N  L  I  Ñ  A
T  E  G  H  P  F  Z  Z  I  L  Z  S  U  G  E  G
```

COMERCIAL
COMUNICACIÓN
DIXITAL
EDICIÓN
EDUCACIÓN
FEITOS
INDIVIDUAIS
INDUSTRIA
INTELECTUAL
LOCAL

REVISTAS
REDE
XORNAIS
EN LIÑA
OPINIÓN
FOTOS
PÚBLICO
RADIO
TELEVISIÓN

72 - Boats

```
P  E  I  R  A  O  R  I  E  L  E  V  N  B  A  Q
Q  Q  D  O  A  R  O  C  N  A  G  R  Á  A  P  V
W  L  U  Y  O  M  E  U  G  C  G  N  U  L  P  Y
I  I  F  Z  N  T  F  T  B  Y  P  E  T  S  X  X
D  V  O  F  A  R  M  A  M  K  E  E  I  A  T  R
V  X  T  B  C  I  Y  P  Q  E  A  Y  C  Q  T  G
M  G  P  F  Y  P  B  Y  O  K  S  Y  A  U  J  I
A  B  O  I  A  U  C  O  R  D  A  Z  A  T  N  V
R  L  N  U  X  L  C  T  G  A  D  G  M  K  C  N
E  T  A  I  S  A  X  B  F  W  N  Z  Q  T  F  Z
A  M  É  G  V  C  H  M  O  T  O  R  T  Z  N  K
D  A  C  Z  O  I  D  F  O  F  B  V  T  L  K  Z
R  S  O  G  W  Ó  M  A  R  I  Ñ  E  I  R  O  A
R  T  R  Í  O  N  B  C  E  Q  O  U  E  P  L  L
X  R  W  J  B  N  U  Q  Q  W  C  B  J  A  T  O
N  O  N  K  T  G  Q  Z  I  N  S  G  T  A  Q  W
```

ANCORA	NÁUTICA
BOIA	OCÉANO
CANOA	RÍO
TRIPULACIÓN	CORDA
PEIRAO	VELEIRO
MOTOR	MARIÑEIRO
BALSA	MAR
KAYAK	MAREA
LAGO	ONDAS
MASTRO	IATE

73 - Activities and Leisure

```
P T X K V O L E I B O L S M X T
U P D R C X V A A S R X E E A U
Y T J Q D K S P Y N N Q N R R Z
B D W Q J R N T A Ó G A D G D G
M Q K B V Z M J I I S T E U I N
T I L O B S I É B C U T I L N Z
I D O X T B D O S C R F R L E K
K G B E P C A R T E F A O O R P
B C T O X B U D T F E C D B Í I
O W Ú N L A S X R A G S X A A N
D T F Q U D I P V W F E F L N T
V H J A F N N V D N C P B X K U
B A L O N C E S T O G O L F A R
Q V Z D U W T L W Q Q G U K L A
K E Y B E U F T U F W Y D O T L
T B D H Y C L J E S Y X N W E E
```

ARTE
BÉISBOL
BALONCESTO
BOXEO
MERGULLO
PESCA
XARDINERÍA
GOLF
SENDEIRO

AFECCIÓNS
PINTURA
FÚTBOL
SURF
NADAR
TENIS
VIAXE
VOLEIBOL

74 - Driving

```
O P O Y N J E A G U I G X F G X
Z N E D A D I R U G E S D R U U
A F Z R T R Á F I C O E W E J O
E E P F I E U H V F I V W O Z T
T W E T M G X K T N B Y N S R B
C T Ó T L O O A C C I D E N T E
C O N T Ú N E L R G I J D O C B
A U C L I C E N Z A D M A W A P
F I S H M A P A R Z G O D P M X
T G H Y E C H O F E R T I O I D
M O T O C I C L E T A O C L Ó K
E S T R A D A V X O S R O I N Y
H J X G L T C S Q H Z B L C J N
C K U K O N J U Y W R Q E Í F Q
Q W M W A T J M P X Y C V A R Y
Y C O M B U S T I B L E G A S K
```

ACCIDENTE	MOTOR
FREOS	MOTOCICLETA
COCHE	PEÓN
PERIGO	POLICÍA
CHOFER	ESTRADA
COMBUSTIBLE	SEGURIDADE
GARAXE	VELOCIDADE
GAS	TRÁFICO
LICENZA	CAMIÓN
MAPA	TÚNEL

75 - Biology

```
N  E  M  A  M  Í  F  E  R  O  I  V  R  E  N  O
A  M  G  M  E  S  P  A  N  I  S  V  U  K  W  U
T  B  Q  A  Q  A  N  Í  E  T  O  R  P  M  L  J
U  R  E  N  Z  I  M  A  M  O  S  O  M  O  R  C
R  I  X  O  G  R  K  K  M  H  R  U  E  C  V  V
A  Ó  M  R  M  E  B  X  J  Ó  C  É  K  Y  X  C
L  N  H  U  C  T  W  V  D  E  B  D  P  Z  K  X
H  Ó  O  E  T  C  D  B  K  F  H  I  G  T  B  G
O  I  R  N  Z  A  X  Y  F  L  E  F  L  A  I  L
S  C  M  T  Y  B  C  S  I  M  B  I  O  S  E  L
M  U  O  Y  K  J  D  I  A  N  A  T  O  M  Í  A
O  L  N  E  S  J  R  R  Ó  X  G  C  K  L  E  W
S  O  A  X  R  C  K  E  O  N  E  X  A  L  O  C
E  V  S  D  D  W  V  L  O  J  U  E  X  L  W  U
J  E  F  O  T  O  S  Í  N  T  E  S  E  M  P  X
J  K  D  T  C  A  B  A  K  P  E  K  L  S  E  G
```

ANATOMÍA	MUTACIÓN
BACTERIAS	NATURAL
MÓBIL	NERVIO
CROMOSOMA	NEURONA
COLAXENO	OSMOSE
EMBRIÓN	FOTOSÍNTESE
ENZIMA	PROTEÍNA
EVOLUCIÓN	RÉPTIL
HORMONA	SIMBIOSE
MAMÍFERO	SINAPSE

76 - Professions #2

```
L  I  N  G  Ü  I  S  T  A  P  M  E  S  T  R  A
W  D  O  I  R  A  C  E  T  O  I  L  B  I  B  F
R  Z  E  K  B  Z  B  E  S  A  R  N  S  O  P  J
I  N  X  N  A  I  O  F  A  R  G  Ó  T  O  F  V
S  Q  R  O  T  L  U  C  I  R  G  A  R  O  I  E
N  D  L  O  V  I  T  C  E  T  E  D  D  J  R  A
J  P  W  O  X  U  S  C  I  R  U  X  I  A  N  O
I  O  C  I  D  É  M  T  V  K  U  U  S  I  K  B
O  R  I  E  N  I  D  R  A  X  C  W  W  N  Z  I
P  I  L  O  T  O  F  O  S  Ó  L  I  F  V  O  Ó
C  E  A  S  T  R  O  N  A  U  T  A  D  E  Ó  L
Q  Ñ  I  L  U  S  T  R  A  D  O  R  X  N  L  O
S  E  C  Q  J  X  M  Z  P  P  N  G  M  T  O  G
C  X  R  B  T  P  S  F  X  F  K  E  O  O  G  O
H  N  M  B  C  E  O  I  N  O  P  F  Y  R  O  F
A  E  U  N  A  X  O  R  N  A  L  I  S  T  A  Q
```

ASTRONAUTA	BIBLIOTECARIO
BIÓLOGO	LINGÜISTA
DENTISTA	PINTOR
DETECTIVO	FILÓSOFO
ENXEÑEIRO	FOTÓGRAFO
AGRICULTOR	MÉDICO
XARDINEIRO	PILOTO
ILUSTRADOR	CIRUXIANO
INVENTOR	MESTRA
XORNALISTA	ZOÓLOGO

77 - Emotions

```
B  V  S  G  J  F  A  L  Z  S  H  M  X  T  P  S
W  O  E  K  O  M  Q  K  I  I  U  M  X  E  K  D
L  V  N  R  R  Z  Y  H  D  M  R  R  O  N  H  M
T  E  Z  D  G  V  C  O  E  P  E  T  F  R  F  E
Q  L  C  Q  A  O  I  R  A  A  L  D  X  U  W  D
J  E  U  Q  M  D  Ñ  Z  A  T  A  R  G  R  X  O
J  R  J  Y  L  H  E  A  U  Í  X  K  B  A  Y  Q
A  T  V  Y  A  U  K  I  D  A  A  E  R  X  A  E
A  M  O  R  C  H  H  Q  N  N  D  Q  Z  J  C  N
S  A  T  I  S  F  E  I  T  O  O  Z  H  K  I  Q
N  P  I  C  O  N  T  I  D  O  S  G  V  G  F  U
K  Y  F  R  U  Q  U  S  O  T  L  Z  I  T  W  N
F  U  V  Y  G  W  Z  F  I  K  Z  M  Q  J  Y  J
K  L  O  T  N  E  M  I  R  U  B  A  P  A  Z  P
C  E  D  A  D  I  L  I  U  Q  N  A  R  T  J  R
K  C  Y  V  S  W  X  A  Z  E  T  S  I  R  T  V
```

IRA	AMOR
ABURIMENTO	PAZ
CALMA	RELAXADO
CONTIDO	RELEVO
VERGOÑA	TRISTEZA
MEDO	SATISFEITO
GRATA	SIMPATÍA
ALEGRIA	TENRURA
BONDADE	TRANQUILIDADE

78 - Mythology

```
T U S C D P R A I O W C S A L U
S X O B Y I T E U R V R E R L K
C A T B I P V C O Y X E V Q C Z
T R N E G I C I T W F N I U P D
W U E D X O V K N Z S Z H E E E
M T M A D N E L I D X A S T A S
O A A D C A K F R M A S O I V A
N I T I I I O K I O S D L P I S
S R R L L V Ó W B R O P E O N T
T C O A N S C N A T R J C S G R
R R P T Q T U X L A T H U V A E
O L M R D G Z O Q L M E L G N W
I A O O E C O B O R T R T Q Z L
B U C M D F K J P L P O U A A X
H M L N N O B M O U P E R S V V
Q O R I E R R E U G V N A Z U P
```

ARQUETIPO
COMPORTAMENTO
CRENZAS
CREACIÓN
CRIATURA
CULTURA
DIVINDADES
DESASTRE
O CEO
HEROE

INMORTALIDADE
CELOS
LABIRINTO
LENDA
RAIO
MONSTRO
MORTAL
VINGANZA
TROBO
GUERREIRO

79 - Agronomy

```
S  S  E  D  A  D  I  M  R  E  F  N  E  H  Y  M
A  E  P  N  F  E  R  T  I  L  I  Z  A  N  T  E
T  V  M  P  E  A  G  R  I  C  U  L  T  U  R  A
N  E  I  E  E  R  E  R  O  S  I  Ó  N  Z  L  V
A  R  N  O  N  Q  X  M  U  J  W  S  I  J  S  R
L  D  V  Z  J  T  U  Í  K  V  M  Y  A  K  J  L
P  U  E  D  J  A  E  P  A  C  I  N  Á  G  R  O
D  R  S  W  O  L  E  S  R  F  X  A  Z  T  E  J
C  A  T  R  S  I  C  E  N  O  F  Z  J  H  S  V
I  S  I  U  I  M  I  C  Y  J  D  A  T  K  T  V
E  O  G  R  S  E  I  O  C  P  G  U  U  D  U  Q
N  L  A  A  T  N  N  L  S  W  B  E  C  X  D  P
C  S  C  L  E  T  Z  O  L  W  G  F  Z  I  O  L
I  W  I  E  M  O  Z  X  Q  Z  E  Y  I  I  Ó  E
A  Q  Ó  P  A  S  B  Í  Z  A  N  U  E  H  I  N
V  J  N  D  S  Y  F  A  B  R  M  F  K  S  J  R
```

AGRICULTURA
ENFERMIDADES
ECOLOXÍA
ENERXÍA
EROSIÓN
FERTILIZANTE
ALIMENTOS
ORGÁNICA
PLANTAS

PRODUCIÓN
INVESTIGACIÓN
RURAL
CIENCIA
SEMENTES
ESTUDO
SISTEMAS
VERDURAS

80 - Hair Types

```
M  S  L  O  N  G  A  S  Y  O  R  U  O  L  C  G
X  A  A  O  E  A  E  S  B  N  R  S  H  V  Y  D
O  T  R  U  C  A  H  A  G  D  Z  G  P  F  L  O
J  U  F  R  D  J  M  N  Z  U  F  E  E  Q  T  P
P  F  P  L  Ó  A  H  R  T  L  D  W  V  N  J  Z
F  I  N  A  L  N  B  B  R  A  Z  D  A  J  P  V
R  R  E  Z  G  H  C  L  J  D  V  K  U  A  B  P
Q  Y  G  R  O  S  O  G  E  O  P  O  S  Z  T  G
J  Y  O  O  D  O  W  A  Y  S  O  V  K  G  S  R
S  Y  X  B  A  G  Y  T  U  I  X  L  H  Z  F  I
J  P  W  R  Z  C  B  R  I  L  L  A  N  T  E  S
O  N  U  A  I  O  G  H  O  S  E  C  O  F  K  O
O  E  A  N  R  R  A  K  P  R  A  T  A  Z  G  Z
K  X  T  C  S  N  S  X  G  V  W  L  B  C  M  I
D  R  F  O  C  R  L  X  V  U  C  E  A  G  S  R
N  X  K  E  A  W  J  C  N  O  W  F  U  Z  B  G
```

CALVO	LONGA
NEGRO	BRILLANTE
LOURO	CURTO
MARRÓN	PRATA
COR	LISO
RIZOS	SUAVE
RIZADO	GROSO
SECO	FINA
GRIS	ONDULADO
SAUDABLE	BRANCO

81 - Diplomacy

```
R  X  C  H  C  O  M  U  N  I  D  A  D  E  A  L
V  J  P  I  U  C  O  N  S  E  L  L  E  I  R  O
É  T  I  C  A  M  D  R  G  C  L  D  D  E  Y  D
S  E  R  D  C  J  A  Z  I  T  S  U  X  J  B  I
E  M  O  I  I  R  T  N  N  C  T  L  R  C  Z  P
G  B  D  S  T  M  A  Ó  I  C  Í  V  I  C  O  L
U  A  A  C  Í  E  R  I  E  T  S  R  U  V  X  O
R  I  X  U  L  B  T  C  M  S  A  Z  C  V  J  M
I  X  I  S  O  E  J  U  I  Z  P  R  H  N  K  Á
D  A  A  I  P  F  D  L  M  B  C  B  I  J  O  T
A  D  B  Ó  I  T  E  O  T  I  L  F  N  O  C  I
D  A  M  N  C  Y  D  S  N  Á  D  A  D  I  C  C
E  R  E  S  O  L  U  C  I  Ó  N  V  L  Q  C  A
B  Z  X  R  C  O  O  P  E  R  A  C  I  Ó  N  E
G  O  B  E  R  N  O  S  M  R  Q  V  R  U  Z  Y
I  N  T  E  G  R  I  D  A  D  E  J  N  U  M  I
```

CONSELLEIRO	ÉTICA
EMBAIXADOR	GOBERNO
CIDADÁNS	HUMANITARIO
CÍVICO	INTEGRIDADE
COMUNIDADE	XUSTIZA
CONFLITO	POLÍTICA
COOPERACIÓN	RESOLUCIÓN
DIPLOMÁTICA	SEGURIDADE
DISCUSIÓN	SOLUCIÓN
EMBAIXADA	TRATADO

82 - Countries #1

```
L  M  A  X  B  X  H  T  I  T  M  C  H  Y  V  E
L  I  A  I  L  A  T  I  S  J  S  U  Q  J  W  X
E  C  B  R  O  I  Y  W  R  B  R  A  S  I  L  I
T  K  P  I  R  N  A  H  A  Ñ  A  M  E  L  A  P
O  Z  I  E  A  O  N  V  E  M  Y  G  V  W  A  T
N  A  Z  E  Í  L  C  S  L  A  G  E  N  E  S  O
I  I  D  K  N  O  S  O  S  L  X  K  X  K  H  T
A  D  Q  L  A  P  W  X  S  E  S  P  A  Ñ  A  A
U  N  A  H  M  E  L  A  N  W  A  Z  L  R  X  E
G  A  L  E  U  Z  E  N  E  V  M  M  N  H  I  Q
A  L  D  U  R  N  O  R  U  E  G  A  S  V  A  F
R  N  P  P  A  N  A  M  Á  D  A  N  A  C  Z  N
A  I  I  K  P  I  B  B  M  M  X  T  I  D  U  T
C  F  E  I  E  Q  Q  Y  W  N  N  E  F  A  M  X
I  Q  F  F  W  B  R  B  E  K  S  I  X  K  I  C
N  P  W  G  D  B  C  T  S  N  Y  V  V  X  R  Z
```

BRASIL	MARROCOS
CANADÁ	NICARAGUA
EXIPTO	NORUEGA
FINLANDIA	PANAMÁ
ALEMAÑA	POLONIA
IRAK	RUMANÍA
ISRAEL	SENEGAL
ITALIA	ESPAÑA
LETONIA	VENEZUELA
LIBIA	VIETNAM

83 - Immigration

```
P  X  R  F  D  E  P  U  V  Z  R  B  X  E  E  F
A  X  U  D  A  S  T  R  I  E  O  Z  T  N  A  I
P  I  A  Z  S  T  X  U  O  Z  A  R  P  E  F  N
R  C  Q  X  F  R  E  Z  O  C  H  X  B  G  A  A
O  K  I  S  M  É  J  D  A  O  E  P  F  O  L  N
T  X  Q  N  L  S  L  A  C  O  M  S  J  C  E  C
E  Y  Q  S  I  T  U  A  C  I  Ó  N  O  I  I  I
C  F  E  A  D  N  E  V  I  V  N  I  K  A  H  A
C  T  N  R  S  K  P  S  Z  C  Ó  N  K  C  W  M
I  S  Q  I  T  F  S  E  R  A  I  R  W  I  E  E
Ó  K  E  E  X  W  F  G  G  D  C  F  O  Ó  K  N
N  S  O  T  L  U  D  A  O  O  U  I  O  N  T  T
G  K  F  N  N  E  N  O  S  I  L  T  I  A  U  O
C  B  S  O  T  N  E  M  U  C  O  D  B  D  R  O
L  A  D  R  Z  K  B  D  I  K  S  K  Q  Q  A  V
R  T  I  F  C  O  M  U  N  I  C  A  C  I  Ó  N
```

ADULTOS	LEI
AXUDA	NEGOCIACIÓN
FRONTEIRAS	OFICIAL
NENOS	PROCESO
COMUNICACIÓN	PROTECCIÓN
PRAZO	SITUACIÓN
DOCUMENTOS	SOLUCIÓN
FINANCIAMENTO	ESTRÉS
VIVENDA	

84 - Adjectives #1

```
M  X  P  H  V  L  F  U  S  O  C  I  T  Ó  X  E
H  H  E  Z  H  T  L  W  O  R  W  M  X  W  Y  M
B  I  S  L  O  C  J  S  C  U  V  P  T  T  C  A
O  N  A  Y  M  U  I  Z  I  C  M  O  M  A  X  T
R  H  D  F  I  N  A  S  T  S  Z  R  M  I  E  R
U  Z  O  Q  F  B  A  T  N  E  L  T  D  M  N  A
K  R  T  Z  E  Z  D  T  É  M  X  A  G  Z  E  C
M  R  U  D  M  E  K  Y  D  Z  L  N  M  T  R  T
N  T  L  Z  U  H  U  F  I  E  X  T  S  D  O  I
C  A  O  S  O  I  C  I  B  M  A  E  Q  A  S  V
Y  A  S  N  F  A  R  T  Í  S  T  I  C  A  O  O
C  D  B  U  R  E  F  E  R  M  O  S  O  H  I  H
O  K  A  Y  F  E  L  H  O  N  E  S  T  O  F  W
Ú  T  I  L  L  Q  D  I  X  V  A  L  I  O  S  O
G  R  A  V  E  S  A  O  Z  H  T  X  S  J  R  N
H  O  A  O  C  I  T  Á  M  O  R  A  D  T  N  D
```

ABSOLUTO	PESADO
AMBICIOSO	ÚTIL
AROMÁTICO	HONESTO
ARTÍSTICA	IDÉNTICOS
ATRACTIVO	IMPORTANTE
FERMOSO	MODERNO
ESCURO	GRAVES
EXÓTICOS	LENTA
XENEROSO	FINA
FELIZ	VALIOSO

85 - Global Warming

```
I  T  E  M  P  E  R  A  T  U  R  A  S  U  P  F
C  N  S  A  G  K  T  J  M  R  K  H  L  I  P  E
P  Ó  T  A  M  B  I  E  N  T  A  L  N  U  H  G
F  I  A  E  X  D  N  O  D  O  R  X  Ó  R  E  I
C  C  T  O  R  M  U  F  D  U  O  C  I  T  R  Á
R  N  I  Z  O  N  R  E  B  O  G  K  C  B  C  Z
W  E  B  M  U  U  A  Y  J  J  A  I  A  C  I  Z
U  T  Á  Y  C  B  J  C  C  Q  F  R  L  I  E  H
F  A  H  C  R  I  S  E  I  C  P  Q  S  N  N  U
F  U  T  U  R  O  N  M  N  O  K  A  I  D  T  M
X  E  R  A  C  I  Ó  N  S  L  N  M  X  U  Í  A
T  Q  J  Y  E  C  T  G  R  S  Z  A  E  S  F  N
S  T  C  P  G  O  L  G  J  M  G  L  L  T  I  O
E  N  E  R  X  Í  A  I  E  O  C  G  G  R  C  S
F  N  F  S  T  Y  B  U  M  X  J  W  V  I  O  M
K  O  O  J  U  W  J  E  S  A  Z  Y  Z  A  J  U
```

ÁRTICO
ATENCIÓN
CLIMA
CRISE
ENERXÍA
AMBIENTAL
FUTURO
GAS
XERACIÓNS

GOBERNO
HÁBITATS
HUMANOS
INDUSTRIA
INTERNACIONAL
LEXISLACIÓN
AGORA
CIENTÍFICO
TEMPERATURAS

86 - Landscapes

```
O D Z H X Q O M D K Q S A A P P
C F E R V E N Z A P Q D N Ñ P E
É I D E S E R T O N A T N A P N
A L G V P R A I A C U W Q T Q E
N L G O A S Y O C I O A D N I D
O A T Y K L U Y D O Z V K O Q O
G C U E G L A G O D M J A M H Z
O U T E I R O M A R A I C A L G
J N V N Y I E D M S Y V U H M T
Y E R J F R T B M A I A V L G U
V O L C Á N E Z E G É I S E R N
I T R Í O N M E U C J S W L G D
Y P E N Í N S U L A I K Q G T R
K U K A H P F P L G P A N Z S A
S C Q U C O F A I P Y W K H V R
V F J P K Q E Y Q X A Z L R Y V
```

PRAIA	MONTAÑA
COVA	OCÉANO
PENEDO	PENÍNSULA
DESERTO	RÍO
GÉISER	MAR
GLACIAR	PANTANO
OUTEIRO	TUNDRA
ICEBERG	VAL
ILLA	VOLCÁN
LAGO	FERVENZA

87 - Visual Arts

```
A R T S E M A R B O T K X L Q H
M R E S C U L T U R A R E C Q M
U L T C O M P O S I C I Ó N O J
L X E I A R Q U I T E C T U R A
P P L E S P E R S P E C T I V A
K O A A S T D X U E S D U C J D
T W B S E D A D I V I T A E R C
P K A L U C Í L E P X J Y F Q P
N T C V E R N I Z A R X I L A F
P X L X A S M N N V P D Q M S O
M I N Á Q G K B Ó Y B Z M C T C
G O N U P C T X B R Z W T E G F
G H K T K I V D R E T R A T O Q
R G B G U V Z R A Q D Y J N J R
D Z U L V R U G C T G M E B W O
K T G Q I K A C I M Á R E C E L
```

ARQUITECTURA
ARTISTA
CERÁMICA
XIS
CARBÓN
ARXILA
COMPOSICIÓN
CREATIVIDADE
CABALETE
PELÍCULA

OBRA MESTRA
PINTURA
PLUMA
LÁPIZ
PERSPECTIVA
RETRATO
ESCULTURA
VERNIZ
CERA

88 - Plants

```
F V I Z Y S S M B Á D U W Y A F
E M H E D R A N A R M M E Z Z E
H U A Y M E P Í M B J N A I G R
Q S H Y B C B D B O K A S O Z T
F G U F P E O R Ú R C A C T O I
H O Z B Q R T A A E B G E P B L
F L O R X C Á X D Í B H Z M J I
Q D Q D N Y N O A K Z R R K O Z
A A U K L U I E L O D D R H M A
B O S Q U E C T L T G L A M W N
V E J V M L A S O L A T É P I T
L Y J M O Z G E F E B M P H U E
J A F Y Z X A B A F R U A C J E
D Q Q V R Z B I C Q E R M Ñ T X
G S M J C T A K N H H M P J O G
V E X E T A C I Ó N N E B B B B
```

BAMBÚ	XARDÍN
FABA	HERBA
BAGA	CRECER
BOTÁNICA	HEDRA
BUSH	MUSGO
CACTO	PÉTALO
FERTILIZANTE	RAÍZ
FLOR	TAMAÑO
FOLLADA	ÁRBORE
BOSQUE	VEXETACIÓN

89 - Countries #2

```
P Z Y V U E Z R I R K U Q X J N
S A I S U R R K C J A C L D M L
G R Q S O M A L I A U R E W N D
Z S O U I S U J J U P A Y D T I
Q S C A I R E B I L H N K I U N
U N H S A S F F X B C I H W D A
S O A L C V T T V X P A E H Q M
U I Í T I A H Á F A I C E R G A
Y M R X A I L N N P T F T X G R
Y T E I M E A L P Ó U Y G A I C
O K X W A N P G O N A B Í L C A
A X I V X D E T I O P Í A Q W A
O E N K C V N Á D U S O T N V F
R T C T J S Q A L A L B A N I A
M É X I C O P I G H X T A P E R
P T Q Y Q Z K Z W U Z E L S B X
```

ALBANIA
DINAMARCA
ETIOPÍA
GRECIA
HAITÍ
XAMAICA
XAPÓN
LAOS
LÍBANO
LIBERIA

MÉXICO
NEPAL
NIXERÍA
PAQUISTÁN
RUSIA
SOMALIA
SUDÁN
SIRIA
UGANDA
UCRANIA

90 - Adjectives #2

```
Z E L B A S N O P S E R K A O G
V L A R U T A N O V O N F U R F
U Q V A V I T U D O R P K T G T
E L E G A N T E D W N V S É U B
S M W G E X A V L A S E E N L F
A O A H W Q N Q R L B V C T L V
L V T F T U H N R Q X L O I O A
G I N T E R E S A N T E E C S Z
A T H X T U H V V B C D S O O Q
D A J T N L B C Z D O R M I Ñ O
O E C M E R E G A L A D O P Y F
Y R T M U D E S C R I T I V O A
L C Z R Q T I P X J N J J J R M
K A D G O D M O N G P V W V E O
P Z U P G F H Y P V C C C E R S
E V Y W I I G A F N C C S S X O
```

AUTÉNTICO
CREATIVO
DESCRITIVO
SECO
ELEGANTE
FAMOSO
REGALADO
SAUDABLE
QUENTE
FAME

INTERESANTE
NATURAL
NOVO
PRODUTIVA
ORGULLOSO
RESPONSABLE
SALGADO
DORMIÑO
FORTE
SALVAXE

91 - Psychology

```
E  N  O  A  H  R  E  R  M  N  P  L  V  C  P  W
M  M  X  Q  J  P  L  G  K  N  D  N  M  O  E  B
O  T  I  L  F  N  O  C  O  Z  J  C  X  M  R  C
C  I  I  N  F  L  U  E  N  C  I  A  S  P  C  J
I  S  D  M  Q  K  C  N  A  A  T  I  O  O  E  F
Ó  I  V  E  C  I  T  A  R  V  S  P  Ñ  R  P  W
N  N  A  F  A  Q  N  L  E  A  E  A  O  T  C  V
S  N  Z  J  D  S  A  I  A  L  R  R  S  A  I  C
F  N  G  M  N  C  Y  V  L  I  O  E  B  M  Ó  C
R  Y  E  I  Z  V  G  O  I  A  J  T  S  E  N  L
D  I  Z  A  Q  H  V  B  D  C  Y  G  A  N  E  Í
B  A  W  H  S  D  L  M  A  I  T  P  O  T  H  N
I  N  F  A  N  C  I  A  D  Ó  I  P  Y  O  D  I
A  U  S  X  D  J  K  N  E  N  X  X  F  L  Y  C
N  M  U  B  P  E  N  S  A  M  E  N  T  O  S  A
D  P  R  O  B  L  E  M  A  N  E  I  J  G  F  H
```

CITA
AVALIACIÓN
COMPORTAMENTO
INFANCIA
CLÍNICA
CONFLITO
SOÑOS
EGO

EMOCIÓNS
IDEAS
INFLUENCIAS
PERCEPCIÓN
PROBLEMA
REALIDADE
TERAPIA
PENSAMENTOS

92 - Math

```
E  Á  E  Y  U  V  Q  N  Ó  I  C  C  A  R  F  H
C  M  N  V  D  O  L  U  G  N  Á  I  R  T  H  Q
U  S  N  G  S  E  O  R  T  A  C  P  I  O  N  W
A  O  I  K  U  R  A  U  C  Í  E  H  T  R  Ó  L
C  R  E  M  U  L  O  V  O  R  T  E  M  Á  I  D
I  E  A  F  E  E  O  H  I  T  E  P  É  L  S  T
Ó  M  L  R  O  T  Y  S  D  E  X  E  T  M  I  R
N  Ú  G  O  L  G  R  S  A  M  P  R  I  J  V  N
Q  N  X  U  U  M  O  I  R  O  O  Í  C  V  I  O
P  O  L  Í  G  O  N  O  A  E  N  M  A  S  D  O
F  U  R  U  N  B  F  Z  Z  X  E  E  X  U  N  T
Z  X  M  Q  Á  G  V  A  A  W  N  T  P  F  U  S
Q  G  O  I  T  Z  M  X  R  M  T  R  K  M  D  X
L  A  M  I  C  E  D  K  P  A  E  O  I  U  J  J
H  Y  O  L  E  L  A  R  A  P  V  Q  G  D  N  Y
X  O  M  A  R  G  O  L  E  L  A  R  A  P  E  I
```

ÁNGULOS
ARITMÉTICA
DECIMAL
DIÁMETRO
DIVISIÓN
ECUACIÓN
EXPONENTE
FRACCIÓN
XEOMETRÍA
NÚMEROS

PARALELO
PARALELOGRAMO
PERÍMETRO
POLÍGONO
RADIO
RECTÁNGULO
PRAZA
SIMETRIA
TRIÁNGULO
VOLUME

93 - Water

```
D  V  J  T  T  M  Y  O  F  E  H  I  U  R  D  R
Z  F  M  X  I  Q  O  X  U  B  U  N  U  Y  U  P
W  X  R  J  E  S  D  G  R  F  M  U  O  V  C  M
I  E  E  Q  P  O  I  Z  A  E  I  N  B  L  H  R
K  O  W  V  W  I  M  X  C  L  D  D  O  L  A  E
I  Í  H  O  A  W  Ú  P  Á  N  A  A  H  S  D  G
W  R  O  P  K  P  H  W  N  A  D  C  G  I  A  A
M  O  N  Z  Ó  N  O  C  O  C  E  I  O  J  E  K
B  I  M  K  V  K  J  R  N  B  V  Ó  D  U  X  L
U  U  G  B  G  K  Q  R  A  T  E  N  F  T  O  U
V  R  A  B  Z  É  Y  F  É  C  N  Q  S  B  C  M
C  H  U  V  I  A  I  T  C  E  I  V  A  P  O  R
M  M  X  S  C  U  L  S  O  H  O  Ó  D  X  B  V
O  H  P  L  P  R  H  V  E  O  I  O  N  I  P  D
G  U  J  A  Z  F  L  P  B  R  S  Q  O  B  R  P
H  W  H  Q  F  N  P  T  V  D  E  L  F  J  K  V
```

CANLE	HUMIDADE
HÚMIDO	MONZÓN
EVAPORACIÓN	OCÉANO
INUNDACIÓN	CHUVIA
XEADA	RÍO
GÉISER	DUCHA
FURACÁN	NEVE
XEO	VAPOR
REGA	ONDAS
LAGO	

94 - Business

```
M Q H N Q V L A V X F E E O Z I
T O Z H E I M T M E H M M F C N
R I E A W B M D W R R P P I A V
A C K D S T A P D A X R R C R E
N I E N A M F D O L W E E I R S
S F O E Z B C N E S C G S N E T
A E Y R N I S G M S T O A A I I
C N V F A I O T S U C O H N R M
C E T H N M T E N D A O S Q A E
I B E T I H N X K O D Y N M Q N
Ó J J H F Y E W Z M N D V T Y T
N A O X R K M J H J E U M G O O
I Q J F E K A X J D V W V L P B
U F M S O S Z F Á B R I C A I J
K M O L X Y R G D I Ñ E I R O T
R I A I Q T O D A G E R P M E K
```

ORZAMENTO
CARREIRA
EMPRESA
CUSTO
MOEDA
DESCONTO
EMPREGADO
EMPREGO
FÁBRICA
FINANZAS

RENDA
INVESTIMENTO
XERAL
DIÑEIRO
OFICINA
BENEFICIO
VENDA
TENDA
IMPOSTOS
TRANSACCIÓN

95 - The Company

```
I  N  N  O  V  A  D  O  R  A  I  W  Q  A  E  R
R  E  P  U  T  A  C  I  Ó  N  N  P  T  T  D  K
N  E  G  O  C  I  O  S  C  N  V  T  C  R  A  P
R  S  P  N  V  B  O  F  A  Z  E  B  S  M  D  B
C  R  E  A  T  I  V  O  C  G  S  O  C  S  I  R
U  N  I  D  A  D  E  S  Z  T  T  S  E  N  L  V
O  Z  C  A  L  I  D  A  D  E  I  E  M  Z  I  O
D  E  C  I  S  I  Ó  N  S  K  M  R  P  X  B  T
D  C  L  K  E  L  X  X  O  J  E  G  R  P  I  Z
P  E  A  J  J  Z  S  H  L  P  N  O  E  Y  S  Q
Q  R  B  B  Q  N  G  W  D  Z  T  R  G  M  O  Y
U  Q  O  Y  S  B  R  D  O  O  O  P  O  V  P  F
J  K  L  D  P  R  E  S  E  N  T  A  C  I  Ó  N
X  X  G  Z  U  R  E  C  U  R  S  O  S  W  R  V
R  F  Y  Y  N  T  I  N  G  R  E  S  O  S  S  C
Q  B  O  Z  V  E  O  I  N  D  U  S  T  R  I  A
```

NEGOCIOS	PRODUTO
CREATIVO	PROGRESO
DECISIÓN	CALIDADE
EMPREGO	REPUTACIÓN
GLOBAL	RECURSOS
INDUSTRIA	INGRESOS
INNOVADORA	RISCOS
INVESTIMENTO	UNIDADES
POSIBILIDADE	SOLDO
PRESENTACIÓN	

96 - Literature

```
G  N  W  O  U  G  M  A  M  E  O  P  I  K  Y  C
N  R  K  S  D  J  E  C  N  Ó  I  N  I  P  O  O
Y  K  C  G  X  V  T  I  Ó  A  M  E  T  H  Q  M
A  S  N  F  L  I  Á  T  I  M  L  V  R  U  C  P
C  N  A  A  W  W  F  Í  C  I  U  O  Z  Y  T  A
F  Ó  É  X  Y  B  O  R  C  R  S  M  X  D  N  R
I  I  U  C  E  U  R  C  I  V  O  T  T  Í  N  A
Y  C  Y  B  D  S  A  R  F  A  M  I  R  C  A  C
W  I  Z  F  R  O  T  U  A  X  N  R  A  N  H  I
S  R  D  W  J  G  T  I  I  P  O  H  X  S  Z  Ó
A  C  I  T  É  O  P  A  L  I  V  Y  E  W  K  N
E  S  D  A  O  L  G  B  G  O  E  Z  D  T  T  O
S  E  S  I  L  Á  N  A  Z  O  L  Q  I  I  H  I
M  D  V  U  Z  I  V  V  H  X  A  Q  A  L  Q  D
U  X  F  I  C  D  C  O  N  C  L  U  S  I  Ó  N
Q  W  M  H  C  Z  C  O  T  B  R  O  J  J  O  J
```

ANALOXÍA
ANÁLISE
ANÉCDOTA
AUTOR
COMPARACIÓN
CONCLUSIÓN
CRÍTICA
DESCRICIÓN
DIÁLOGO
FICCIÓN

METÁFORA
NOVELA
OPINIÓN
POEMA
POÉTICA
RIMA
RITMO
ESTILO
TEMA
TRAXEDIA

97 - Geography

```
A T L A S U M W I M D H S K D M
K E O I Í M W R V D T E Z M P O
G U D B A Q I Q V O K M D H C N
G T R Q P S N T H Y M I D K L T
K E L E V A C I Ó N A S O Í R A
V E W V N J T L O L R F C D Y Ñ
M Z O O C R A N D N E É E P A
N A U O L P D T B U S R A N W W
N J P B D D R I F E G I N L X C
O K S A T T E T W A U O O F L K
R M U N D O X U C I D A D E G I
T D X K Y D I D H H X K K Q Z B
E U R R S Q Ó E D Y J G L E S D
M E T S E O N A I D I R E M F P
D H M G U T E R R I T O R I O G
U P T G W R C O N T I N E N T E
```

ATLAS	MONTAÑA
CIDADE	NORTE
CONTINENTE	OCÉANO
PAÍS	REXIÓN
ELEVACIÓN	RÍO
HEMISFERIO	MAR
ILLA	SUR
LATITUDE	TERRITORIO
MAPA	OESTE
MERIDIANO	MUNDO

98 - Jazz

```
T X Z L W F A M D M U G G A W S
E Á L B U M C A N C I Ó N I I M
U S S P F H N C S Z X N D J G H
A R T S E U Q R O R M Ó E F Y Y
F N I I A M Q M A R T I S T A X
A R M C L I O X Z R A C A L T É
M U I Y S O S U A L P A F E J N
O J P G T É C N I C A S N W P E
S C Y E Z S L D H V Z I É D S R
O R O T I S O P M O C V V N C O
W I N L M N Ó I C I S O P M O C
O T N E L A T A F S G R V V P B
P M O T R E C N O C A P X O R V
S O T I R O V A F Z X M Q W N N
O Q R Y A S X K K Y E I W B D J
L A X F Q N Z M Ú S I C A Y V D
```

ÁLBUM	IMPROVISACIÓN
APLAUSOS	MÚSICA
ARTISTA	NOVO
COMPOSITOR	VELLO
COMPOSICIÓN	ORQUESTRA
CONCERTO	RITMO
ÉNFASE	CANCIÓN
FAMOSO	ESTILO
FAVORITOS	TALENTO
XÉNERO	TÉCNICA

99 - Nature

```
D G L A C I A R L F A B R A L M
S I V W P J Z M V O Í R Q B M O
A M N K O W E H P L O S H E A N
L L Ó Á O T L Q X L A F W L A T
V K I G M I E L G A S T S L O A
A Y S X E I B Z C D S B D A T Ñ
X T O N S U C D T A X Z X S R A
E Q R U W J C A R B O S Q U E S
S P E B P M F O O G I R B A S I
P O N E R E S B P C V I J X E A
I M U S R G Q É I F I I K S D M
P B K S X B F N C Z H F T O I I
A M L Z F L D L A P U N Í A J N
Á R T I C O B J L C Q H M C L A
S Q E U M G O V W Z H H U B A U
Q L K G A W T X Y B U J X P L P
```

ANIMAIS
ÁRTICO
BELEZA
ABELLAS
NUBES
DESERTO
DINÁMICA
EROSIÓN
NÉBOA
FOLLADA

BOSQUE
GLACIAR
MONTAÑAS
PACÍFICO
RÍO
SERENO
ABRIGO
TROPICAL
VITAL
SALVAXE

100 - Vacation #2

```
A T Z P R H Z T B D K I A H M T
I E R Q A R I E X N A R T S E R
A E R E S A X N I D G E X T J A
R S R O N M A D Z E V C K H C N
P T E T P C T A H S O E M K V S
K R A S Z O C U Q T L L P P H P
D A O I S F R C W I A O S R Z O
H N Q V E B F T G N Z F S E R R
F X Q I V X R Q O O H C Y S H T
H E F X T I J J F M M L V E C E
O I U W H V A O A A U V L R T T
T R I Q Y M N X E P K A E V D J
E O S U D V U M E A L I W A O I
L V A C A C I Ó N S M L R S G F
C J D M O N T A Ñ A S L O C L F
P A S A P O R T E H G A N H V X
```

AEROPORTO	MAPA
PRAIA	MONTAÑAS
DESTINO	PASAPORTE
ESTRANXEIRA	RESERVAS
ESTRANXEIRO	MAR
VACACIÓNS	TAXI
HOTEL	TENDA
ILLA	TREN
VIAXE	TRANSPORTE
LECER	VISTO

1 - Antiques

AUTÉNTICO
TAXOP
INVESTMENTS
DECORATIVOS
ELEGANTES
GALERÍAS
CALIDADE

2 - Food #1

PERA
ATÚN
CACAHUETE
SOPA
ANISE
ALBAHACA
AMORODO
AZÚCAR
LIMÓN

3 - Measurements

MINUTO
PESO
QUILÓMETRO
CENTÍMETRO
MARGO
ALTURA
LITRO
BYTE
PROFUNDIDADE

4 - Farm #2

HORTO
ODARP
OVELLA
MADURA
PASTOR

5 - Books

INVENTIVA
PÁXINA
ÉPICO
ROSO
NOVELA
TRÁXICO
RELEVANTE
ESCRITO
CONTEXTO
HISTÓRICO
COLECCIÓN

6 - Meditation

CALMA
ESPERTO
BONDADE
SILENCIO
MÚSICA
MENTE
EMOCIÓNS
RESPIRACIÓN
CLARIDADE MENTAL
APRENDER

7 - Days and Months

SETEMBRO
ABRIL
CRE MORES
AGOSTO
NOVEMBRO
SÁBADO
CALENDARIO
FEBREIRO

8 - Energy

TURBINA
HIDROXENO
RENOVABLES
CONTAMINACIÓN
ELÉCTRICO
INDUSTRIA
CALOR
ELECTRÓN
VAPOR
ENTROPIA

9 - Archeology

ESCUDICE
TUMBA
CIVILIZACIÓN
MISTERIO
FOSOS
AVALIACIÓN
TEMPLO
PROFESOR
ANÁLISE
EXPERTO
OBXECTOS

10 - Food #2

MAZA
COGUMELO
IOGUR
CHOCOLATE
TRIGO
AMÓN
ARROZ

11 - Chemistry

ION
CATALIZADORES
HIDROXENO
TEMPERATURA
CLORO
OXÍENO
NUCLEAR
ALCALINO
LÍQUIDO
ELECTRÓN

12 - Music

CANTANTE
MÚSICO
INSTRUMENTO
LÍRICO
BALADA
VARGACIÓN
HARMÓNICO
HARMONIA
CLÁSICO
ECLÉCTICO
MICRÓFONO

13 - Family

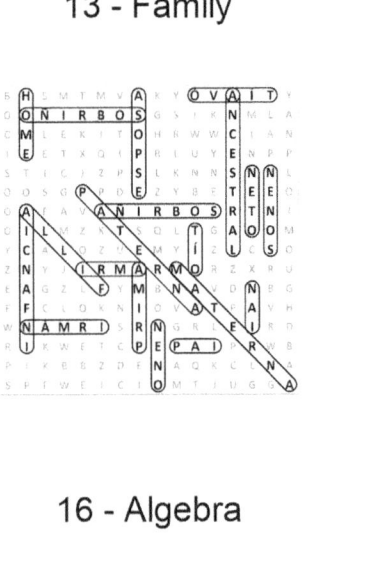
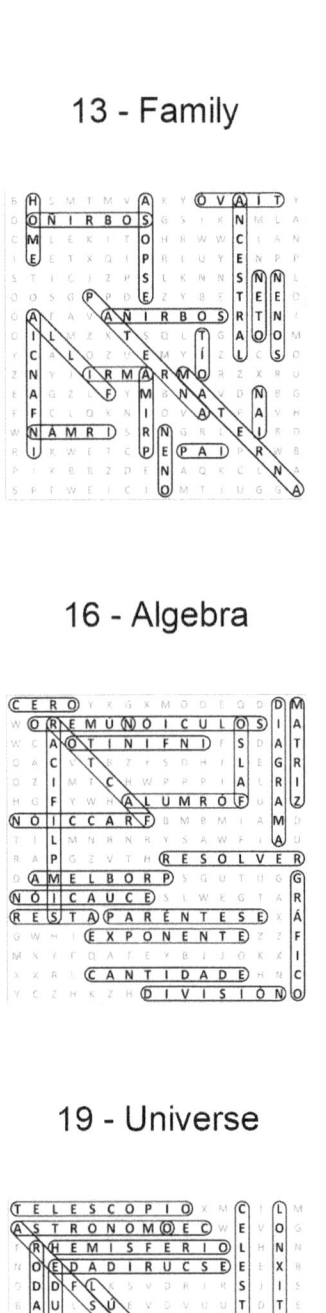

14 - Farm #1

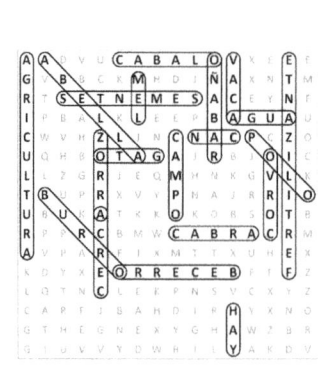
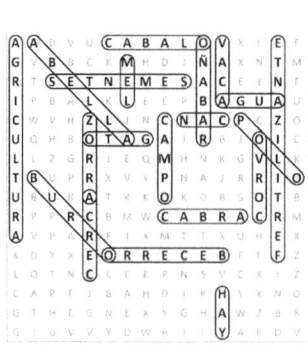
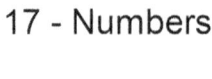

15 - Camping

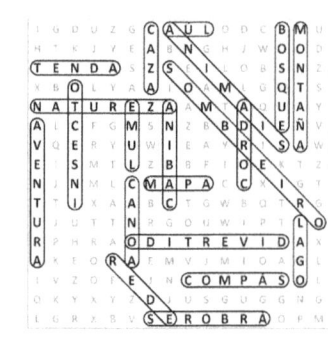

16 - Algebra

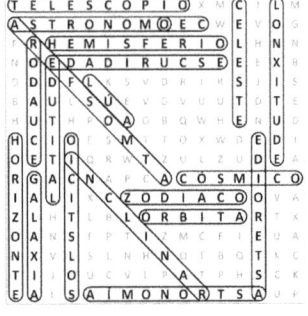

17 - Numbers

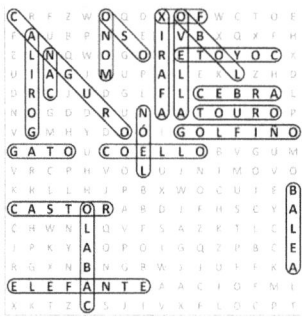

18 - Spices

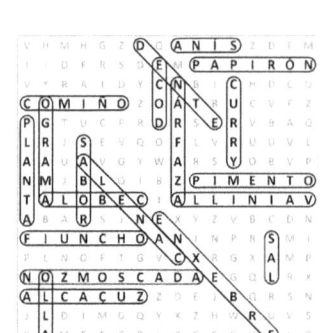
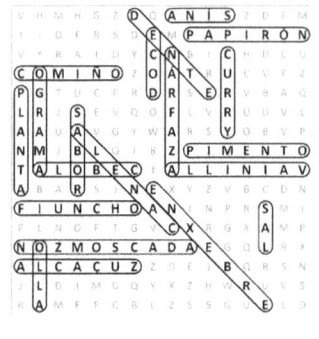

19 - Universe

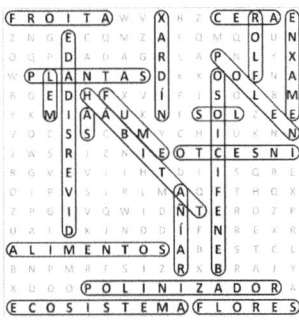

20 - Mammals

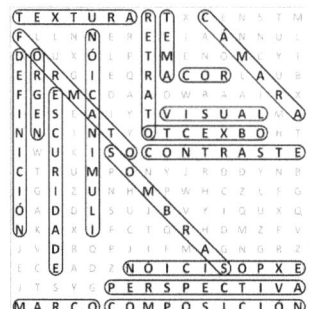

21 - Restaurant #1

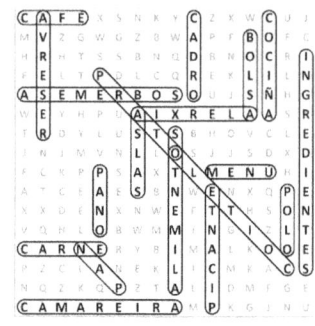

22 - Bees

23 - Photography

24 - Weather

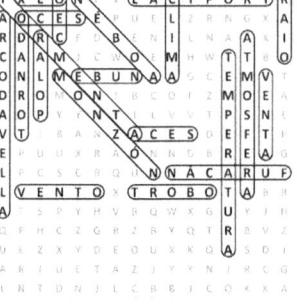

25 - Adventure

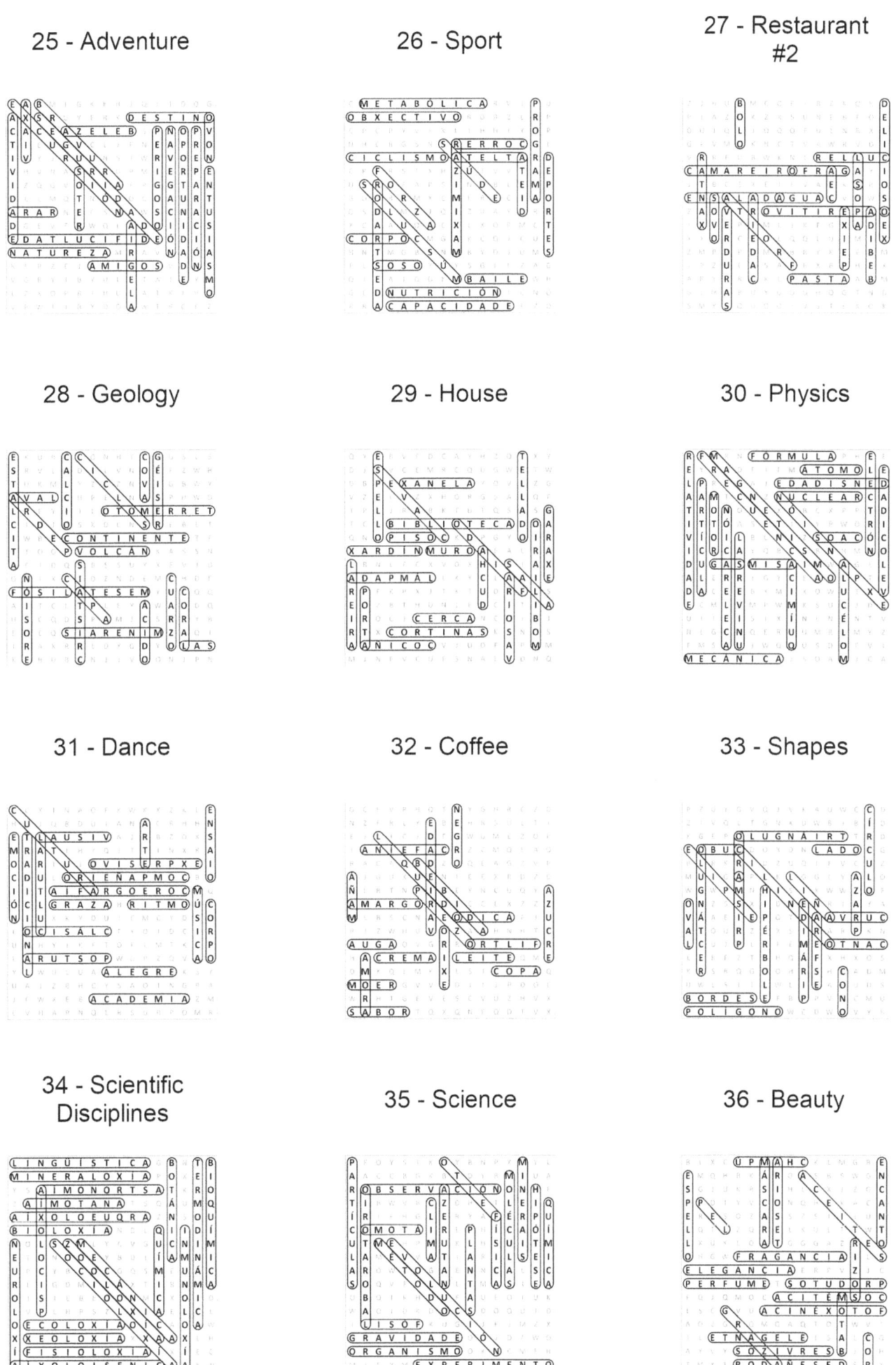

26 - Sport

27 - Restaurant #2

28 - Geology

29 - House

30 - Physics

31 - Dance

32 - Coffee

33 - Shapes

34 - Scientific Disciplines

35 - Science

36 - Beauty

37 - Clothes

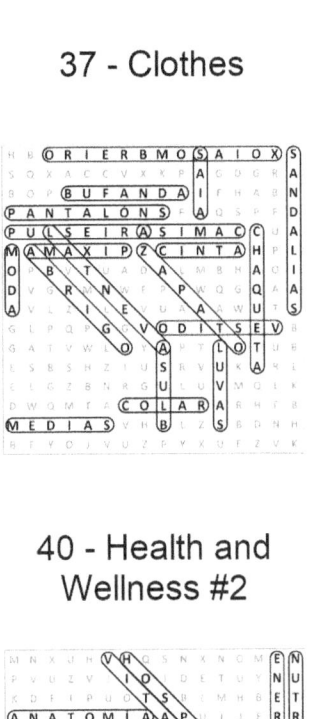

38 - Insects

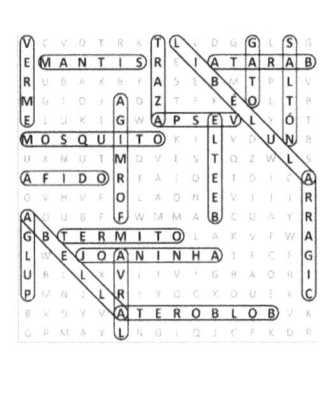

39 - Astronomy

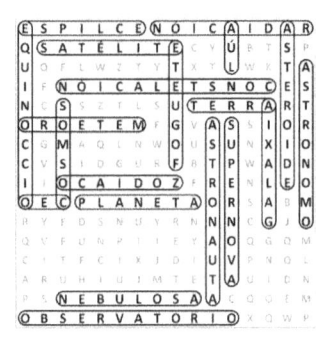

40 - Health and Wellness #2

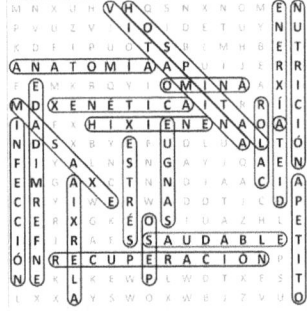

41 - Disease

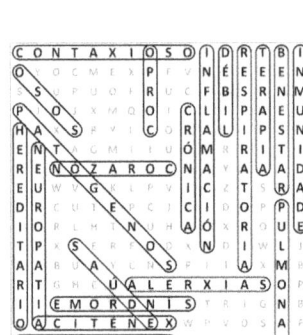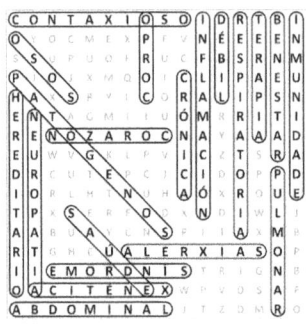

42 - Time

43 - Buildings

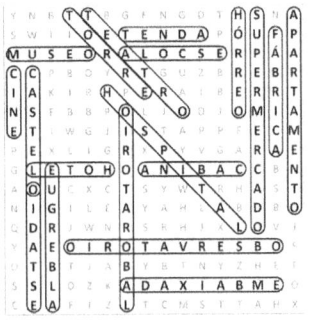

44 - Philanthropy

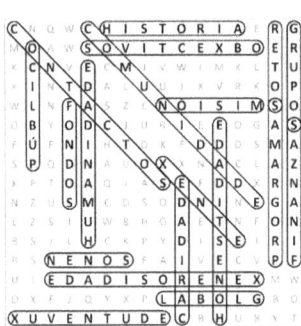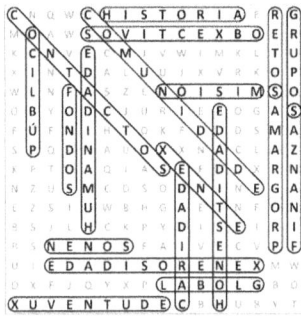

45 - Herbalism

46 - Vehicles

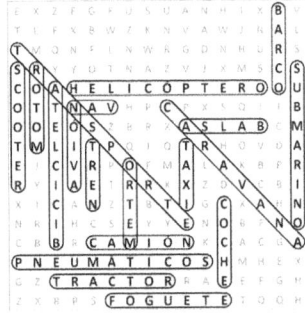

47 - Flowers

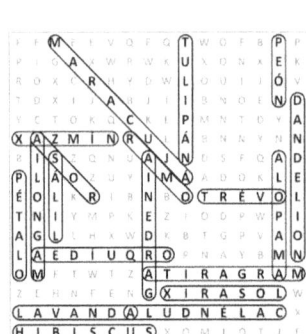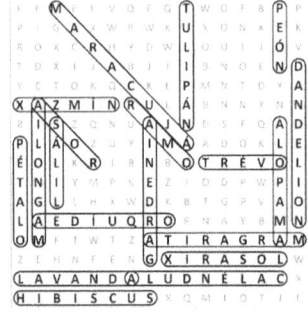

48 - Health and Wellness #1

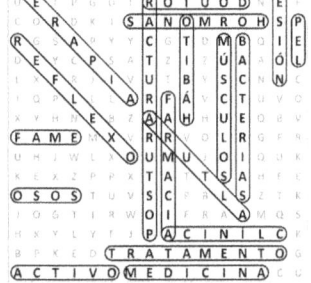

49 - Town

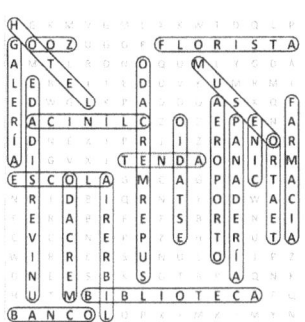

50 - Antarctica

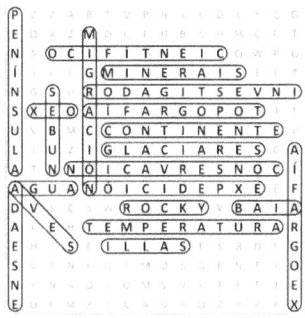

51 - Ballet

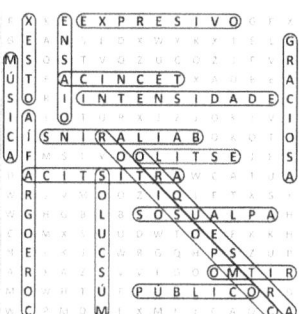

52 - Fashion

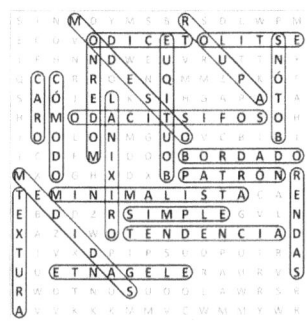

53 - Human Body

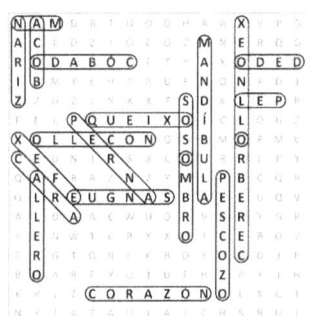

54 - Musical Instruments

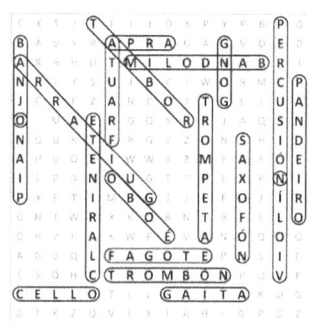

55 - Fruit

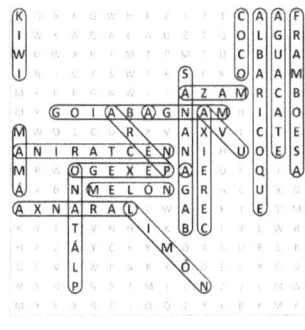

56 - Engineering

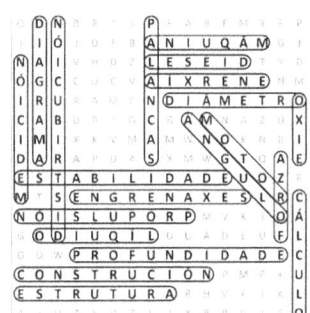

57 - Government

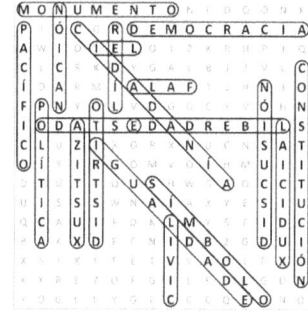

58 - Science Fiction

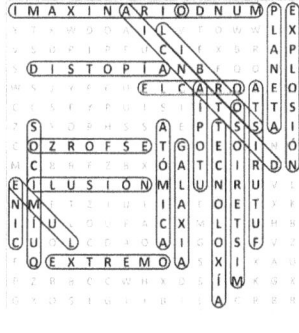

59 - Geometry

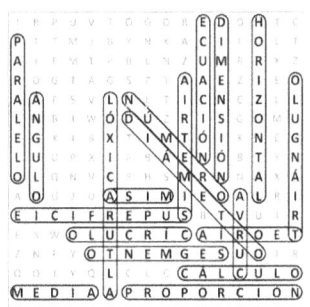

60 - Creativity

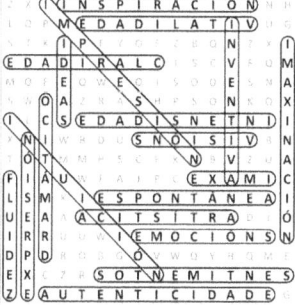

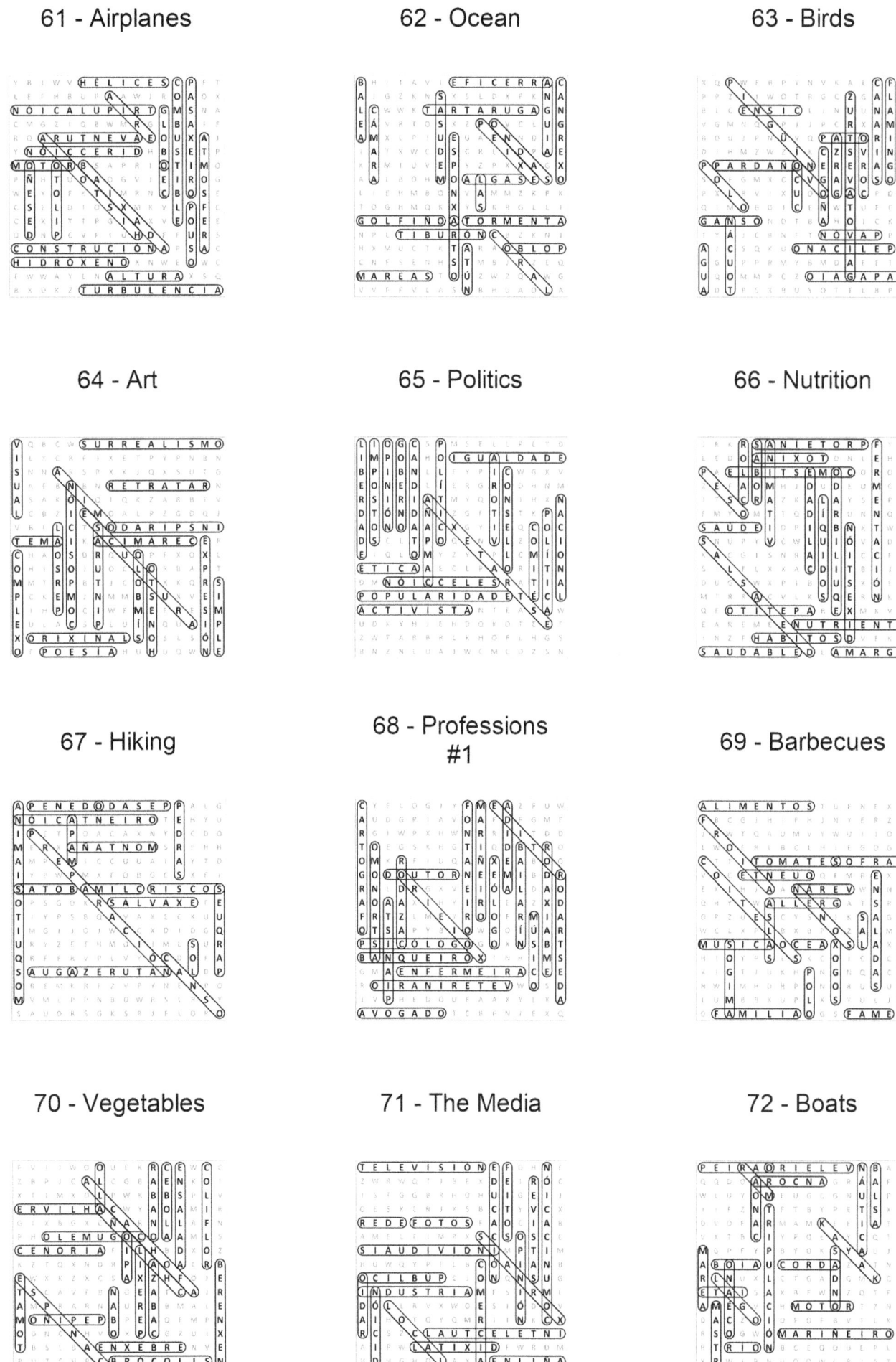

61 - Airplanes

62 - Ocean

63 - Birds

64 - Art

65 - Politics

66 - Nutrition

67 - Hiking

68 - Professions #1

69 - Barbecues

70 - Vegetables

71 - The Media

72 - Boats

73 - Activities and Leisure

VOLEIBOL · LOBSIÉB · ARTEFA · BALONCESTO · GOLF · PINTURA · ORGULLE

74 - Driving

EDADIRUGES · TRÁFICO · ACCIDENTE · TÚNEL · LICENZA · MAPA · CHOFER · MOTOCICLETA · ESTRADA · COMBUSTIBLE · GAS

75 - Biology

MAMÍFERO · ESPANIS · ANIETORP · ENZIMA · MOSOMORC · SIMBIOSE · ANATOMÍA · ONEXALOC · FOTOSÍNTESE

76 - Professions #2

LINGÜISTA · MESTRA · OIRACETOI · BIB · OFARGOTOF · ROTLUCIRGA · OVITCETED · CIRUXIANO · OCIDÉM · ORIENIDRAX · PILOTO · FOSÓLIF · ASTRONAUTA · ILUSTRADOR · XORNALISTA

77 - Emotions

DIRA · ATARG · AMOR · SATISFEITO · CONTIDO · OTNEMIRUBA · PAZ · EDADILIUQNART · AZETSIRT

78 - Mythology

RAIO · MADNEL · ECOBORT · ORUERREUG

79 - Agronomy

EDADIMREFNE · FERTILIZANTE · AGRICULTURA · EROSIÓN · PACINÁGRO

80 - Hair Types

LONGA · ORUOL · OTRUC · FINA · GROSO · BRILLANTES · SECO · PRATA

81 - Diplomacy

COMUNIDADE · CONSELLEIRO · ÉTICA · AZITSUX · CÍVICO · OTILFNOC · NÁDADIC · RESOLUCIÓN · COOPERACIÓN · GOBERNO · INTEGRIDADE

82 - Countries #1

AILATI · BRASIL · AÑAMELA · AGENES · ESPAÑA · GALEUZENEV · NORUEGA · PANAMA · ADANAC

83 - Immigration

AXUDA · OZARP · SITUACIÓN · ADNEVIV · SOTLUDA · NENOS · SOTNEMUCOD · COMUNICACIÓN

84 - Adjectives #1

SOCITOXE · FINA · AINEL · OSOICIBMA · ARTÍSTICA · FERMOSO · HONESTO · ÚTIL · VALIOSO · GRAVES · OCITAMORA

85 - Global Warming

86 - Landscapes

87 - Visual Arts

88 - Plants

89 - Countries #2

90 - Adjectives #2

91 - Psychology

92 - Math

93 - Water

94 - Business

95 - The Company

96 - Literature

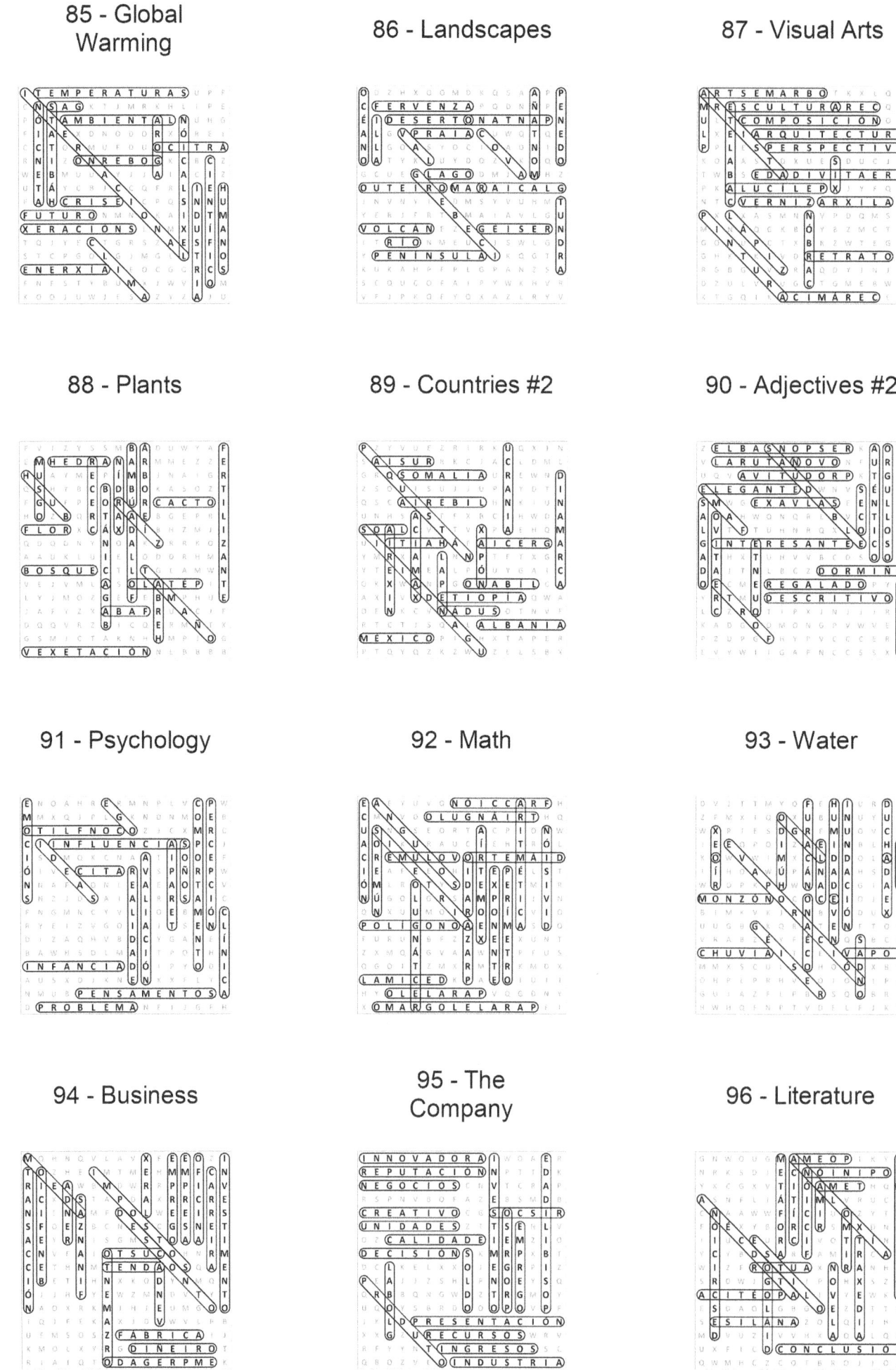

97 - Geography

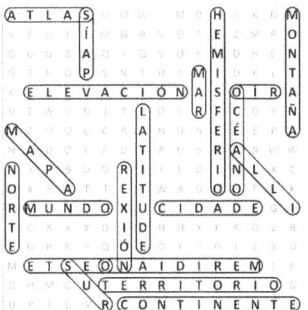

98 - Jazz

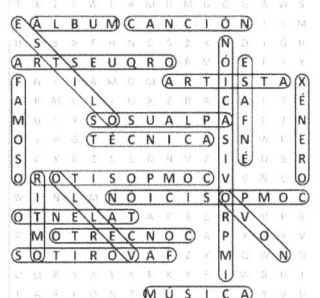

99 - Nature

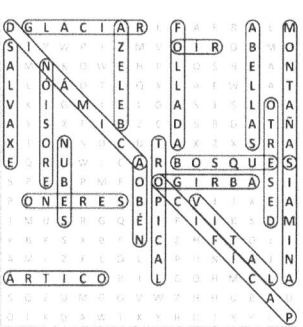

100 - Vacation #2

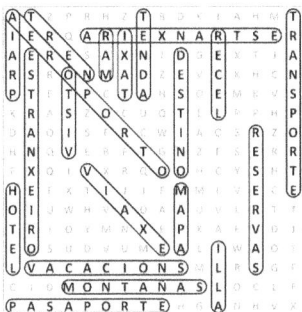

Dictionary

Activities and Leisure
Actividades e de Lecer

Art	Arte
Baseball	Béisbol
Basketball	Baloncesto
Boxing	Boxeo
Diving	Mergullo
Fishing	Pesca
Gardening	Xardinería
Golf	Golf
Hiking	Sendeiro
Hobbies	Afeccións
Painting	Pintura
Soccer	Fútbol
Surfing	Surf
Swimming	Nadar
Tennis	Tenis
Travel	Viaxe
Volleyball	Voleibol

Adjectives #1
Adxectivos #1

Absolute	Absoluto
Ambitious	Ambicioso
Aromatic	Aromático
Artistic	Artística
Attractive	Atractivo
Beautiful	Fermoso
Dark	Escuro
Exotic	Exóticos
Generous	Xeneroso
Happy	Feliz
Heavy	Pesado
Helpful	Útil
Honest	Honesto
Identical	Idénticos
Important	Importante
Modern	Moderno
Serious	Graves
Slow	Lenta
Thin	Fina
Valuable	Valioso

Adjectives #2
Adxectivos #2

Authentic	Auténtico
Creative	Creativo
Descriptive	Descritivo
Dry	Seco
Elegant	Elegante
Famous	Famoso
Gifted	Regalado
Healthy	Saudable
Hot	Quente
Hungry	Fame
Interesting	Interesante
Natural	Natural
New	Novo
Productive	Produtiva
Proud	Orgulloso
Responsible	Responsable
Salty	Salgado
Sleepy	Dormiño
Strong	Forte
Wild	Salvaxe

Adventure
Aventura

Activity	Actividade
Beauty	Beleza
Bravery	Bravura
Challenges	Retos
Chance	Oportunidade
Dangerous	Perigoso
Destination	Destino
Difficulty	Dificultade
Enthusiasm	Entusiasmo
Excursion	Excursión
Friends	Amigos
Joy	Alegria
Nature	Natureza
Navigation	Navegación
New	Novo
Preparation	Preparación
Safety	Seguridade
Travels	Viaxa
Unusual	Rara

Agronomy
Agronomía

Agriculture	Agricultura
Diseases	Enfermidades
Ecology	Ecoloxía
Energy	Enerxía
Erosion	Erosión
Fertilizer	Fertilizante
Food	Alimentos
Organic	Orgánica
Plants	Plantas
Pollution	Contaminación
Production	Produción
Research	Investigación
Rural	Rural
Science	Ciencia
Seeds	Sementes
Study	Estudo
Systems	Sistemas
Vegetables	Verduras
Water	Auga

Airplanes
Avións

Adventure	Aventura
Air	Aire
Atmosphere	Atmosfera
Balloon	Globo
Construction	Construción
Crew	Tripulación
Descent	Baixada
Design	Deseño
Direction	Dirección
Engine	Motor
Fuel	Combustible
Height	Altura
History	Historia
Hydrogen	Hidróxeno
Landing	Pouso
Passenger	Pasaxeiro
Pilot	Piloto
Propellers	Hélices
Sky	Ceo
Turbulence	Turbulencia

Algebra
Álxebra

Diagram	Diagrama
Division	División
Equation	Ecuación
Exponent	Exponente
Factor	Factor
False	Falso
Formula	Fórmula
Fraction	Fracción
Graph	Gráfico
Infinite	Infinito
Matrix	Matriz
Number	Número
Parenthesis	Paréntese
Problem	Problema
Quantity	Cantidade
Simplify	Simplificar
Solution	Solución
Solve	Resolver
Subtraction	Resta
Zero	Cero

Antarctica
Antártida

Bay	Baia
Birds	Aves
Clouds	Nubes
Conservation	Conservación
Continent	Continente
Cove	Enseada
Expedition	Expedición
Geography	Xeografía
Glaciers	Glaciares
Ice	Xeo
Islands	Illas
Migration	Migración
Minerals	Minerais
Peninsula	Península
Researcher	Investigador
Rocky	Rocky
Scientific	Científico
Temperature	Temperatura
Topography	Topografía
Water	Auga

Antiques
Antigüidades

Art	Arte
Auction	Poxa
Authentic	Auténtico
Century	Século
Coins	Moedas
Decades	Décadas
Decorative	Decorativos
Elegant	Elegante
Furniture	Mobiliario
Gallery	Galería
Investment	Investimento
Jewelry	Xoias
Old	Vello
Price	Prezo
Quality	Calidade
Restoration	Restauración
Sculpture	Escultura
Style	Estilo
Unusual	Rara
Value	Valor

Archeology
Arqueoloxía

Analysis	Análise
Antiquity	Antigüidade
Bones	Osos
Civilization	Civilización
Descendant	Descendente
Era	Era
Evaluation	Avaliación
Expert	Experto
Forgotten	Esquecido
Fossil	Fósil
Fragments	Fragmentos
Mystery	Misterio
Objects	Obxectos
Professor	Profesor
Relic	Reliquia
Researcher	Investigador
Team	Equipo
Temple	Templo
Tomb	Tumba
Unknown	Descoñecido

Art
Arte

Ceramic	Cerámica
Complex	Complexo
Composition	Composición
Expression	Expresión
Honest	Honesto
Inspired	Inspirado
Mood	Ánimo
Original	Orixinal
Paintings	Pinturas
Personal	Persoal
Poetry	Poesía
Portray	Retratar
Sculpture	Escultura
Simple	Simple
Subject	Tema
Surrealism	Surrealismo
Symbol	Símbolo
Visual	Visual

Astronomy
Astronomía

Asteroid	Asteroide
Astronaut	Astronauta
Astronomer	Astronomo
Constellation	Constelación
Cosmos	Cosmos
Earth	Terra
Eclipse	Eclipse
Equinox	Equinoccio
Galaxy	Galaxia
Meteor	Meteoro
Moon	Lúa
Nebula	Nebulosa
Observatory	Observatorio
Planet	Planeta
Radiation	Radiación
Rocket	Foguete
Satellite	Satélite
Sky	Ceo
Supernova	Supernova
Zodiac	Zodiaco

Ballet
Ballet

Applause	Aplausos
Artistic	Artística
Audience	Público
Choreography	Coreografía
Composer	Compositor
Dancers	Bailaríns
Expressive	Expresivo
Gesture	Xesto
Graceful	Graciosa
Intensity	Intensidade
Muscles	Músculos
Music	Música
Orchestra	Orquestra
Rehearsal	Ensaio
Rhythm	Ritmo
Style	Estilo
Technique	Técnica

Barbecues
Grellas

Chicken	Polo
Children	Nenos
Dinner	Cea
Family	Familia
Food	Alimentos
Forks	Garfos
Friends	Amigos
Fruit	Froita
Games	Xogos
Grill	Grella
Hot	Quente
Hunger	Fame
Knives	Coitelos
Music	Música
Salads	Ensaladas
Salt	Sal
Sauce	Salsa
Summer	Verán
Tomatoes	Tomates
Vegetables	Verduras

Beauty
Beleza

Charm	Encanto
Color	Cor
Cosmetics	Cosmética
Curls	Rizos
Elegance	Elegancia
Elegant	Elegante
Fragrance	Fragancia
Grace	Graza
Lipstick	Batom
Mascara	Máscara
Mirror	Espello
Oils	Aceites
Photogenic	Fotoxénica
Products	Produtos
Scent	Perfume
Scissors	Tesoira
Services	Servizos
Shampoo	Champú
Skin	Pel
Stylist	Deseñador

Bees
Abellas

Beneficial	Beneficioso
Blossom	Flor
Diversity	Diversidade
Ecosystem	Ecosistema
Flowers	Flores
Food	Alimentos
Fruit	Froita
Garden	Xardín
Habitat	Hábitat
Honey	Mel
Insect	Insecto
Plants	Plantas
Pollen	Polen
Pollinator	Polinizador
Queen	Raíña
Smoke	Fume
Sun	Sol
Swarm	Enxame
Wax	Cera
Wings	Ás

Biology
Bioloxía

Anatomy	Anatomía
Bacteria	Bacterias
Cell	Móbil
Chromosome	Cromosoma
Collagen	Colaxeno
Embryo	Embrión
Enzyme	Enzima
Evolution	Evolución
Hormone	Hormona
Mammal	Mamífero
Mutation	Mutación
Natural	Natural
Nerve	Nervio
Neuron	Neurona
Osmosis	Osmose
Photosynthesis	Fotosíntese
Protein	Proteína
Reptile	Réptil
Symbiosis	Simbiose
Synapse	Sinapse

Birds
Aves

Canary	Canarias
Chicken	Polo
Crow	Corvo
Cuckoo	Cuco
Duck	Pato
Eagle	Água
Egg	Ovo
Flamingo	Flamingo
Goose	Ganso
Gull	Gaivota
Heron	Garza
Ostrich	Avestruz
Parrot	Papagaio
Peacock	Pavón
Pelican	Pelicano
Penguin	Pingüín
Sparrow	Pardaño
Stork	Cegoña
Swan	Cisne
Toucan	Toucán

Boats
Barcos

Anchor	Ancora
Buoy	Boia
Canoe	Canoa
Crew	Tripulación
Dock	Peirao
Engine	Motor
Ferry	Balsa
Kayak	Kayak
Lake	Lago
Mast	Mastro
Nautical	Náutica
Ocean	Océano
River	Río
Rope	Corda
Sailboat	Veleiro
Sailor	Mariñeiro
Sea	Mar
Tide	Marea
Waves	Ondas
Yacht	Iate

Books
Libros

Adventure	Aventura
Author	Autor
Character	Personaxe
Collection	Colección
Context	Contexto
Duality	Dualidade
Epic	Épico
Historical	Histórico
Humorous	Humóticos
Inventive	Inventiva
Literary	Literario
Novel	Novela
Page	Páxina
Poem	Poema
Poetry	Poesía
Reader	Lector
Relevant	Relevante
Story	Conto
Tragic	Tráxico
Written	Escrito

Buildings
Edificios

Apartment	Apartamento
Barn	Hórreo
Cabin	Cabina
Castle	Castelo
Cinema	Cine
Embassy	Embaixada
Factory	Fábrica
Hospital	Hospital
Hostel	Albergue
Hotel	Hotel
Laboratory	Laboratorio
Museum	Museo
Observatory	Observatorio
School	Escola
Stadium	Estadio
Supermarket	Supermercado
Tent	Tenda
Theater	Teatro
Tower	Torre
University	Universidade

Business
Negocios

Budget	Orzamento
Career	Carreira
Company	Empresa
Cost	Custo
Currency	Moeda
Discount	Desconto
Employee	Empregado
Employer	Emprego
Factory	Fábrica
Finance	Finanzas
Income	Renda
Investment	Investimento
Manager	Xeral
Money	Diñeiro
Office	Oficina
Profit	Beneficio
Sale	Venda
Shop	Tenda
Taxes	Impostos
Transaction	Transacción

Camping
Camping

Adventure	Aventura
Animals	Animais
Cabin	Cabina
Canoe	Canoa
Compass	Compás
Fire	Lume
Forest	Bosque
Fun	Divertido
Hammock	Rede
Hat	Sombreiro
Hunting	Caza
Insect	Insecto
Lake	Lago
Map	Mapa
Moon	Lúa
Mountain	Montaña
Nature	Natureza
Rope	Corda
Tent	Tenda
Trees	Árbores

Chemistry
Química

Acid	Ácido
Alkaline	Alcalino
Atomic	Atómica
Carbon	Carbono
Catalyst	Catalizador
Chlorine	Cloro
Electron	Electrón
Enzyme	Enzima
Gas	Gas
Heat	Calor
Hydrogen	Hidróxeno
Ion	Ion
Liquid	Líquido
Molecule	Molécula
Nuclear	Nuclear
Organic	Orgánica
Oxygen	Osíxeno
Salt	Sal
Temperature	Temperatura
Weight	Peso

Clothes
Roupa

Apron	Avental
Belt	Cinta
Blouse	Blusa
Bracelet	Pulseira
Coat	Abrigo
Dress	Vestido
Fashion	Moda
Gloves	Luvas
Hat	Sombreiro
Jacket	Chaqueta
Jewelry	Xoias
Necklace	Colar
Pajamas	Pixama
Pants	Pantalóns
Sandals	Sandalias
Scarf	Bufanda
Shoe	Zapato
Skirt	Saia
Socks	Medias
Sweater	Camisa

Coffee
Café

Acidic	Ácido
Aroma	Aroma
Beverage	Bebida
Bitter	Amargo
Black	Negro
Caffeine	Cafeína
Cream	Crema
Cup	Copa
Filter	Filtro
Flavor	Sabor
Grind	Moer
Liquid	Líquido
Milk	Leite
Morning	Mañá
Origin	Orixe
Price	Prezo
Sugar	Azucre
Variety	Variedade
Water	Auga

Countries #1
Países #1

Brazil	Brasil
Canada	Canadá
Egypt	Exipto
Finland	Finlandia
Germany	Alemaña
Iraq	Irak
Israel	Israel
Italy	Italia
Latvia	Letonia
Libya	Libia
Morocco	Marrocos
Nicaragua	Nicaragua
Norway	Noruega
Panama	Panamá
Poland	Polonia
Romania	Rumanía
Senegal	Senegal
Spain	España
Venezuela	Venezuela
Vietnam	Vietnam

Countries #2
Países #2

Albania	Albania
Denmark	Dinamarca
Ethiopia	Etiopía
Greece	Grecia
Haiti	Haití
Jamaica	Xamaica
Japan	Xapón
Laos	Laos
Lebanon	Líbano
Liberia	Liberia
Mexico	México
Nepal	Nepal
Nigeria	Nixería
Pakistan	Paquistán
Russia	Rusia
Somalia	Somalia
Sudan	Sudán
Syria	Siria
Uganda	Uganda
Ukraine	Ucrania

Creativity
Creatividade

Artistic	Artística
Authenticity	Autenticidade
Clarity	Claridade
Dramatic	Dramático
Emotions	Emocións
Expression	Expresión
Feelings	Sentimentos
Fluidity	Fluidez
Ideas	Ideas
Image	Imaxe
Imagination	Imaxinación
Impression	Impresión
Inspiration	Inspiración
Intensity	Intensidade
Intuition	Intuición
Inventive	Inventiva
Spontaneous	Espontánea
Visions	Visións
Vitality	Vitalidade

Dance
Danza

Academy	Academia
Art	Arte
Body	Corpo
Choreography	Coreografía
Classical	Clásico
Cultural	Cultural
Culture	Cultura
Emotion	Emoción
Expressive	Expresivo
Grace	Graza
Joyful	Alegre
Music	Música
Partner	Compañeiro
Posture	Postura
Rehearsal	Ensaio
Rhythm	Ritmo
Traditional	Tradicional
Visual	Visual

Days and Months
Días e Meses

April	Abril
August	Agosto
Calendar	Calendario
February	Febreiro
Friday	Venres
January	Xaneiro
July	Xullo
March	Marzo
Monday	Luns
Month	Mes
November	Novembro
October	Outubro
Saturday	Sábado
September	Setembro
Sunday	Domingo
Thursday	Xoves
Tuesday	Martes
Wednesday	Mércores
Week	Semana
Year	Ano

Diplomacy
Diplomacia

Adviser	Conselleiro
Ambassador	Embaixador
Citizens	Cidadáns
Civic	Cívico
Community	Comunidade
Conflict	Conflito
Cooperation	Cooperación
Diplomatic	Diplomática
Discussion	Discusión
Embassy	Embaixada
Ethics	Ética
Government	Goberno
Humanitarian	Humanitario
Integrity	Integridade
Justice	Xustiza
Politics	Política
Resolution	Resolución
Security	Seguridade
Solution	Solución
Treaty	Tratado

Disease
Enfermidade

Abdominal	Abdominal
Allergies	Alerxias
Body	Corpo
Bones	Osos
Chronic	Crónica
Contagious	Contaxioso
Genetic	Xenética
Health	Saúde
Heart	Corazón
Hereditary	Hereditario
Immunity	Inmunidade
Inflammation	Inflamación
Neuropathy	Neuropatia
Pathogens	Patógenos
Pulmonary	Pulmonar
Respiratory	Respiratoria
Syndrome	Síndrome
Therapy	Terapia
Weak	Débil
Wellness	Benestar

Driving
Condución

Accident	Accidente
Brakes	Freos
Car	Coche
Danger	Perigo
Driver	Chofer
Fuel	Combustible
Garage	Garaxe
Gas	Gas
License	Licenza
Map	Mapa
Motor	Motor
Motorcycle	Motocicleta
Pedestrian	Peón
Police	Policía
Road	Estrada
Safety	Seguridade
Speed	Velocidade
Traffic	Tráfico
Truck	Camión
Tunnel	Túnel

Emotions
Emocións

Anger	Ira
Boredom	Aburimento
Calm	Calma
Content	Contido
Embarrassed	Vergoña
Fear	Medo
Grateful	Grata
Joy	Alegria
Kindness	Bondade
Love	Amor
Peace	Paz
Relaxed	Relaxado
Relief	Relevo
Sadness	Tristeza
Satisfied	Satisfeito
Sympathy	Simpatía
Tenderness	Tenrura
Tranquility	Tranquilidade

Energy
Enerxía

Battery	Batería
Carbon	Carbono
Diesel	Diesel
Electric	Eléctrico
Electron	Electrón
Entropy	Entropía
Fuel	Combustible
Gasoline	Gasolina
Heat	Calor
Hydrogen	Hidróxeno
Industry	Industria
Motor	Motor
Nuclear	Nuclear
Photon	Fotón
Pollution	Contaminación
Renewable	Renovables
Steam	Vapor
Sun	Sol
Turbine	Turbina
Wind	Vento

Engineering
Enxeñaría

Angle	Ángulo
Axis	Eixo
Calculation	Cálculo
Construction	Construción
Depth	Profundidade
Diagram	Diagrama
Diameter	Diámetro
Diesel	Diesel
Distribution	Distribución
Energy	Enerxía
Gears	Engrenaxes
Levers	Palancas
Liquid	Líquido
Machine	Máquina
Measurement	Medición
Motor	Motor
Propulsion	Propulsión
Stability	Estabilidade
Strength	Forza
Structure	Estrutura

Family
Familia

Ancestor	Ancestral
Aunt	Tía
Brother	Irmán
Child	Neno
Childhood	Infancia
Children	Nenos
Cousin	Primá
Daughter	Filla
Father	Pai
Grandfather	Avó
Grandson	Neto
Husband	Home
Maternal	Materna
Mother	Nai
Nephew	Sobriño
Niece	Sobriña
Paternal	Paterna
Sister	Irmá
Uncle	Tío
Wife	Esposa

Farm #1
Facenda #1

Agriculture	Agricultura
Bee	Abella
Calf	Becerro
Cat	Gato
Chicken	Polo
Cow	Vaca
Crow	Corvo
Dog	Can
Donkey	Burro
Fence	Cerca
Fertilizer	Fertilizante
Field	Campo
Flock	Rabaño
Goat	Cabra
Hay	Hay
Honey	Mel
Horse	Cabalo
Rice	Arroz
Seeds	Sementes
Water	Auga

Farm #2
Facenda #2

Animals	Animais
Barley	Cebada
Barn	Hórreo
Beehive	Colmeira
Corn	Millo
Duck	Pato
Farmer	Agricultor
Food	Alimentos
Fruit	Froita
Irrigation	Rega
Lamb	Cordeiro
Meadow	Prado
Milk	Leite
Orchard	Horto
Ripe	Madura
Sheep	Ovella
Shepherd	Pastor
Tractor	Tractor
Vegetable	Vexetal
Wheat	Trigo

Fashion
Moda

Boutique	Boutique
Buttons	Botóns
Clothing	Roupa
Comfortable	Cómodo
Elegant	Elegante
Embroidery	Bordado
Expensive	Caro
Fabric	Tecido
Lace	Rendas
Measurements	Medidas
Minimalist	Minimalista
Modern	Moderno
Modest	Modesto
Original	Orixinal
Pattern	Patrón
Simple	Simple
Sophisticated	Sofisticado
Style	Estilo
Texture	Textura
Trend	Tendencia

Flowers
Flores

Bouquet	Ramo
Calendula	Caléndula
Clover	Trévo
Daisy	Margarita
Dandelion	Dandelion
Gardenia	Gardenia
Hibiscus	Hibiscus
Jasmine	Xazmín
Lavender	Lavanda
Lilac	Lilás
Magnolia	Magnolia
Orchid	Orquídea
Passionflower	Maracujá
Peony	Peón
Petal	Pétalo
Poppy	Amapola
Rose	Rosa
Sunflower	Xirasol
Tulip	Tulipán

Food #1
Comida #1

Apricot	Albaricoque
Barley	Cebada
Basil	Albahaca
Carrot	Cenoria
Cinnamon	Canela
Garlic	Allo
Juice	Zume
Lemon	Limón
Milk	Leite
Onion	Cebola
Peanut	Cacahuete
Pear	Pera
Salad	Ensalada
Salt	Sal
Soup	Sopa
Spinach	Espinaca
Strawberry	Amorodo
Sugar	Azucre
Tuna	Atún
Turnip	Nabo

Food #2
Comida #2

Apple	Mazá
Artichoke	Alcachofa
Banana	Plátano
Broccoli	Brócolis
Celery	Apio
Cheese	Queixo
Cherry	Cereixa
Chicken	Polo
Chocolate	Chocolate
Egg	Ovo
Eggplant	Berenxena
Fish	Peixe
Grape	Uva
Ham	Xamón
Kiwi	Kiwi
Mushroom	Cogumelo
Rice	Arroz
Tomato	Tomate
Wheat	Trigo
Yogurt	Iogur

Fruit
Froita

Apple	Mazá
Apricot	Albaricoque
Avocado	Aguacate
Banana	Plátano
Berry	Baga
Cherry	Cereixa
Coconut	Coco
Grape	Uva
Guava	Goiaba
Kiwi	Kiwi
Lemon	Limón
Mango	Manga
Melon	Melón
Nectarine	Nectarina
Orange	Laranxa
Papaya	Mamá
Peach	Pexego
Pear	Pera
Pineapple	Ananás
Raspberry	Framboesa

Geography
Xeografía

Atlas	Atlas
City	Cidade
Continent	Continente
Country	País
Elevation	Elevación
Hemisphere	Hemisferio
Island	Illa
Latitude	Latitude
Map	Mapa
Meridian	Meridiano
Mountain	Montaña
North	Norte
Ocean	Océano
Region	Rexión
River	Río
Sea	Mar
South	Sur
Territory	Territorio
West	Oeste
World	Mundo

Geology
Xeoloxía

Acid	Ácido
Calcium	Calcio
Cavern	Cova
Continent	Continente
Coral	Coral
Crystals	Cristais
Cycles	Ciclos
Earthquake	Terremoto
Erosion	Erosión
Fossil	Fósil
Geyser	Géiser
Lava	Lava
Layer	Capa
Minerals	Minerais
Plateau	Meseta
Quartz	Cuarzo
Salt	Sal
Stalactite	Estalcita
Stone	Pedra
Volcano	Volcán

Geometry
Xeometría

Angle	Ángulo
Calculation	Cálculo
Circle	Círculo
Curve	Curva
Diameter	Diámetro
Dimension	Dimensión
Equation	Ecuación
Height	Altura
Horizontal	Horizontal
Logic	Lóxica
Mass	Misa
Median	Media
Number	Número
Parallel	Paralelo
Proportion	Proporción
Segment	Segmento
Surface	Superficie
Symmetry	Simetria
Theory	Teoría
Triangle	Triángulo

Global Warming
O Quecemento Global

Arctic	Ártico
Attention	Atención
Climate	Clima
Crisis	Crise
Energy	Enerxía
Environmental	Ambiental
Future	Futuro
Gas	Gas
Generations	Xeracións
Government	Goberno
Habitats	Hábitats
Humans	Humanos
Industry	Industria
International	Internacional
Legislation	Lexislación
Now	Agora
Scientist	Científico
Temperatures	Temperaturas

Government
Goberno

Citizenship	Cidadanía
Civil	Civil
Constitution	Constitución
Democracy	Democracia
Discussion	Discusión
District	Distrito
Equality	Igualdade
Independence	Independencia
Judicial	Xudicial
Justice	Xustiza
Law	Lei
Leader	Líder
Liberty	Liberdade
Monument	Monumento
Nation	Nación
Peaceful	Pacífico
Politics	Política
Speech	Fala
State	Estado
Symbol	Símbolo

Hair Types
Tipos de Cabelo

Bald	Calvo
Black	Negro
Blond	Louro
Brown	Marrón
Colored	Cor
Curls	Rizos
Curly	Rizado
Dry	Seco
Gray	Gris
Healthy	Saudable
Long	Longa
Shiny	Brillante
Short	Curto
Silver	Prata
Smooth	Liso
Soft	Suave
Thick	Groso
Thin	Fina
Wavy	Ondulado
White	Branco

Health and Wellness #1
De Saúde e Benestar #1

Active	Activo
Bacteria	Bacterias
Bones	Osos
Clinic	Clínica
Doctor	Doutor
Fracture	Fractura
Habit	Hábito
Height	Altura
Hormones	Hormonas
Hunger	Fame
Injury	Lesión
Medicine	Medicina
Muscles	Músculos
Pharmacy	Farmacia
Posture	Postura
Reflex	Reflexo
Skin	Pel
Therapy	Terapia
Treatment	Tratamento
Virus	Virus

Health and Wellness #2
De Saúde e Benestar #2

Allergy	Alerxia
Anatomy	Anatomía
Appetite	Apetito
Blood	Sangue
Calorie	Calor
Diet	Dieta
Disease	Enfermidade
Energy	Enerxía
Genetics	Xenética
Healthy	Saudable
Hospital	Hospital
Hygiene	Hixiene
Infection	Infección
Massage	Masaxe
Mood	Ánimo
Nutrition	Nutrición
Recovery	Recuperación
Stress	Estrés
Vitamin	Vitamina
Weight	Peso

Herbalism
Herboristería

Aromatic	Aromático
Basil	Albahaca
Beneficial	Beneficioso
Culinary	Cociña
Fennel	Fiuncho
Flavor	Sabor
Flower	Flor
Garden	Xardín
Garlic	Allo
Green	Verde
Ingredient	Ingrediente
Lavender	Lavanda
Marjoram	Manjerona
Mint	Menta
Oregano	Orégano
Parsley	Perexil
Plant	Planta
Rosemary	Romeu
Saffron	Azafrán
Tarragon	Tarragón

Hiking
Sendeirismo

Animals	Animais
Boots	Botas
Cliff	Penedo
Climate	Clima
Hazards	Riscos
Heavy	Pesado
Map	Mapa
Mosquitoes	Mosquitos
Mountain	Montaña
Nature	Natureza
Orientation	Orientación
Parks	Parques
Preparation	Preparación
Stones	Pedras
Sun	Sol
Tired	Canso
Water	Auga
Wild	Salvaxe

House
Casa

Attic	Faiado
Broom	Vasoira
Curtains	Cortinas
Door	Porta
Fence	Cerca
Fireplace	Lareira
Floor	Piso
Furniture	Mobiliario
Garage	Garaxe
Garden	Xardín
Keys	Claves
Kitchen	Cociña
Lamp	Lámpada
Library	Biblioteca
Mirror	Espello
Roof	Tellado
Room	Sala
Shower	Ducha
Wall	Muro
Window	Xanela

Human Body
Corpo Humano

Ankle	Nocello
Blood	Sangue
Bones	Osos
Brain	Cerebro
Chin	Queixo
Ear	Orella
Elbow	Cóbado
Face	Cara
Finger	Dedo
Hand	Man
Head	Xefe
Heart	Corazón
Jaw	Mandíbula
Knee	Xeonllo
Leg	Perna
Mouth	Boca
Neck	Pescozo
Nose	Nariz
Shoulder	Ombro
Skin	Pel

Immigration
Inmigración

Adults	Adultos
Aid	Axuda
Approval	Aprobación
Borders	Fronteiras
Children	Nenos
Communication	Comunicación
Deadline	Prazo
Documents	Documentos
Funding	Financiamento
Housing	Vivenda
Law	Lei
Negotiation	Negociación
Officer	Oficial
Process	Proceso
Protection	Protección
Situation	Situación
Solution	Solución
Stress	Estrés

Insects
Insectos

Ant	Formiga
Aphid	Áfido
Bee	Abella
Beetle	Beetle
Butterfly	Bolboreta
Cicada	Cigarra
Cockroach	Barata
Dragonfly	Libélula
Flea	Pulga
Gnat	Gato
Grasshopper	Saltón
Ladybug	Joaninha
Larva	Larva
Mantis	Mantis
Mosquito	Mosquito
Moth	Traza
Termite	Termito
Wasp	Vespa
Worm	Verme

Jazz
Jazz

Album	Álbum
Applause	Aplausos
Artist	Artista
Composer	Compositor
Composition	Composición
Concert	Concerto
Emphasis	Énfase
Famous	Famoso
Favorites	Favoritos
Genre	Xénero
Improvisation	Improvisación
Music	Música
New	Novo
Old	Vello
Orchestra	Orquestra
Rhythm	Ritmo
Song	Canción
Style	Estilo
Talent	Talento
Technique	Técnica

Landscapes
Paisaxes

Beach	Praia
Cave	Cova
Cliff	Penedo
Desert	Deserto
Geyser	Géiser
Glacier	Glaciar
Hill	Outeiro
Iceberg	Iceberg
Island	Illa
Lake	Lago
Mountain	Montaña
Ocean	Océano
Peninsula	Península
River	Río
Sea	Mar
Swamp	Pantano
Tundra	Tundra
Valley	Val
Volcano	Volcán
Waterfall	Fervenza

Literature
Literatura

Analogy	Analoxía
Analysis	Análise
Anecdote	Anécdota
Author	Autor
Comparison	Comparación
Conclusion	Conclusión
Critique	Crítica
Description	Descrición
Dialogue	Diálogo
Fiction	Ficción
Metaphor	Metáfora
Novel	Novela
Opinion	Opinión
Poem	Poema
Poetic	Poética
Rhyme	Rima
Rhythm	Ritmo
Style	Estilo
Theme	Tema
Tragedy	Traxedia

Mammals
Mamíferos

Bear	Oso
Beaver	Castor
Bull	Touro
Cat	Gato
Coyote	Coyote
Dog	Can
Dolphin	Golfiño
Elephant	Elefante
Fox	Fox
Giraffe	Xirafa
Gorilla	Gorila
Horse	Cabalo
Kangaroo	Canguro
Lion	León
Monkey	Mono
Rabbit	Coello
Sheep	Ovella
Whale	Balea
Wolf	Lobo
Zebra	Cebra

Math
Matemáticas

Angles	Ángulos
Arithmetic	Aritmética
Decimal	Decimal
Diameter	Diámetro
Division	División
Equation	Ecuación
Exponent	Exponente
Fraction	Fracción
Geometry	Xeometría
Numbers	Números
Parallel	Paralelo
Parallelogram	Paralelogramo
Perimeter	Perímetro
Polygon	Polígono
Radius	Radio
Rectangle	Rectángulo
Square	Praza
Symmetry	Simetria
Triangle	Triángulo
Volume	Volume

Measurements
Medicións

Byte	Byte
Centimeter	Centímetro
Decimal	Decimal
Degree	Grao
Depth	Profundidade
Gram	Gram
Height	Altura
Inch	Pulgadas
Kilogram	Quilogramo
Kilometer	Quilómetro
Length	Lonxitude
Liter	Litro
Mass	Misa
Meter	Metro
Minute	Minuto
Ounce	Onza
Ton	Tonelada
Volume	Volume
Weight	Peso
Width	Ancho

Meditation
Meditación

Acceptance	Aceptación
Attention	Atención
Awake	Esperto
Breathing	Respiración
Calm	Calma
Clarity	Claridade
Emotions	Emocións
Gratitude	Gratitude
Habits	Hábitos
Happiness	Felicidade
Kindness	Bondade
Mental	Mental
Mind	Mente
Music	Música
Nature	Natureza
Peace	Paz
Perspective	Perspectiva
Silence	Silencio
Thoughts	Pensamentos
To Learn	Aprender

Music
Música

Album	Álbum
Ballad	Balada
Chorus	Coro
Classical	Clásico
Eclectic	Ecléctico
Harmonic	Harmónico
Harmony	Harmonía
Instrument	Instrumento
Lyrical	Lírico
Melody	Melodía
Microphone	Micrófono
Musical	Musical
Musician	Músico
Opera	Ópera
Poetic	Poética
Recording	Gravación
Rhythm	Ritmo
Rhythmic	Rítmica
Sing	Cantar
Singer	Cantante

Musical Instruments
Instrumentos Musicais

Banjo	Banjo
Bassoon	Fagote
Cello	Cello
Clarinet	Clarinete
Drum	Tambor
Flute	Frauta
Gong	Gong
Guitar	Guitarra
Harmonica	Gaita
Harp	Arpa
Mandolin	Bandolim
Oboe	Oboé
Percussion	Percusión
Piano	Piano
Saxophone	Saxofón
Tambourine	Pandeiro
Trombone	Trombón
Trumpet	Trompeta
Violin	Violín

Mythology
Mitoloxía

Archetype	Arquetipo
Behavior	Comportamento
Beliefs	Crenzas
Creation	Creación
Creature	Criatura
Culture	Cultura
Deities	Divindades
Disaster	Desastre
Heaven	O Ceo
Hero	Heroe
Immortality	Inmortalidade
Jealousy	Celos
Labyrinth	Labirinto
Legend	Lenda
Lightning	Raio
Monster	Monstro
Mortal	Mortal
Revenge	Vinganza
Thunder	Trobo
Warrior	Guerreiro

Nature
Natureza

Animals	Animais
Arctic	Ártico
Beauty	Beleza
Bees	Abellas
Clouds	Nubes
Desert	Deserto
Dynamic	Dinámica
Erosion	Erosión
Fog	Néboa
Foliage	Follada
Forest	Bosque
Glacier	Glaciar
Mountains	Montañas
Peaceful	Pacífico
River	Río
Serene	Sereno
Shelter	Abrigo
Tropical	Tropical
Vital	Vital
Wild	Salvaxe

Numbers
Números

Decimal	Decimal
Eight	Oito
Eighteen	Dezaoito
Fifteen	Quince
Five	Cinco
Four	Catro
Fourteen	Catorce
Nine	Nove
Nineteen	Dezanove
One	Un
Seven	Sete
Seventeen	Dezasete
Six	Seis
Sixteen	Dezaseis
Ten	Dez
Thirteen	Trece
Three	Tres
Twelve	Doce
Twenty	Vinte
Two	Dous

Nutrition
Nutrición

Appetite	Apetito
Balanced	Equilibrado
Bitter	Amargo
Calories	Calor
Diet	Dieta
Digestion	Dixestión
Edible	Comestible
Fermentation	Fermentación
Flavor	Sabor
Habits	Hábitos
Health	Saúde
Healthy	Saudable
Liquids	Líquidos
Nutrient	Nutriente
Proteins	Proteínas
Quality	Calidade
Sauce	Salsa
Toxin	Toxina
Vitamin	Vitamina
Weight	Peso

Ocean
Océano

Coral	Coral
Crab	Cangrexo
Dolphin	Golfiño
Eel	Anguia
Fish	Peixe
Jellyfish	Medusas
Octopus	Polbo
Oyster	Ostra
Reef	Arrecife
Salt	Sal
Seaweed	Algas
Shark	Tiburón
Shrimp	Cámara
Sponge	Esponxa
Storm	Tormenta
Tides	Mareas
Tuna	Atún
Turtle	Tartaruga
Waves	Ondas
Whale	Balea

Philanthropy
Filantropia

Challenges	Retos
Charity	Caridade
Children	Nenos
Community	Comunidade
Contacts	Contactos
Finance	Finanzas
Funds	Fondos
Generosity	Xenerosidade
Global	Global
Goals	Obxectivos
Groups	Grupos
History	Historia
Honesty	Honestidade
Humanity	Humanidade
Mission	Misión
People	Xente
Programs	Programas
Public	Público
Youth	Xuventude

Photography
Fotografía

Black	Negro
Camera	Cámara
Color	Cor
Composition	Composición
Contrast	Contraste
Darkness	Escuridade
Definition	Definición
Exhibition	Exposición
Format	Formato
Frame	Marco
Lighting	Iluminación
Object	Obxecto
Perspective	Perspectiva
Portrait	Retrato
Shadows	Sombras
Subject	Tema
Texture	Textura
Visual	Visual

Physics
Física

Acceleration	Aceleración
Atom	Átomo
Chaos	Caos
Chemical	Química
Density	Densidade
Electron	Electrón
Engine	Motor
Expansion	Expansión
Formula	Fórmula
Frequency	Frecuencia
Gas	Gas
Magnetism	Magnetismo
Mass	Misa
Mechanics	Mecánica
Molecule	Molécula
Nuclear	Nuclear
Particle	Partícula
Relativity	Relatividade
Universal	Universal
Velocity	Velocidade

Plants
Plantas

Bamboo	Bambú
Bean	Faba
Berry	Baga
Botany	Botánica
Bush	Bush
Cactus	Cacto
Fertilizer	Fertilizante
Flower	Flor
Foliage	Follada
Forest	Bosque
Garden	Xardín
Grass	Herba
Grow	Crecer
Ivy	Hedra
Moss	Musgo
Petal	Pétalo
Root	Raíz
Stem	Tamaño
Tree	Árbore
Vegetation	Vexetación

Politics
Política

Activist	Activista
Campaign	Campaña
Candidate	Candidato
Choice	Selección
Committee	Comité
Council	Consello
Equality	Igualdade
Ethics	Ética
Freedom	Liberdade
Government	Goberno
National	Nacional
Opinion	Opinión
Policy	Política
Politician	Político
Popularity	Popularidade
Strategy	Estratexia
Taxes	Impostos
Victory	Vitoria

Professions #1
Profesións #1

Ambassador	Embaixador
Astronomer	Astronomo
Attorney	Avogado
Banker	Banqueiro
Cartographer	Cartografo
Coach	Adestrador
Dancer	Bailarín
Doctor	Doutor
Editor	Editor
Geologist	Xeólogo
Hunter	Cazador
Jeweler	Xoieiro
Musician	Músico
Nurse	Enfermeira
Pianist	Pianista
Plumber	Fontaneiro
Psychologist	Psicólogo
Sailor	Mariñeiro
Tailor	A Medida
Veterinarian	Veterinario

Professions #2
Profesións #2

Astronaut	Astronauta
Biologist	Biólogo
Dentist	Dentista
Detective	Detectivo
Engineer	Enxeñeiro
Farmer	Agricultor
Gardener	Xardineiro
Illustrator	Ilustrador
Inventor	Inventor
Journalist	Xornalista
Librarian	Bibliotecario
Linguist	Lingüista
Painter	Pintor
Philosopher	Filósofo
Photographer	Fotógrafo
Physician	Médico
Pilot	Piloto
Surgeon	Ciruxiano
Teacher	Mestra
Zoologist	Zoólogo

Psychology
Psicoloxía

Appointment	Cita
Assessment	Avaliación
Behavior	Comportamento
Childhood	Infancia
Clinical	Clínica
Conflict	Conflito
Dreams	Soños
Ego	Ego
Emotions	Emocións
Ideas	Ideas
Influences	Influencias
Perception	Percepción
Personality	Personalidade
Problem	Problema
Reality	Realidade
Therapy	Terapia
Thoughts	Pensamentos
Unconscious	Inconsciente

Restaurant #1
Restaurante #1

Allergy	Alerxia
Bowl	Bolsa
Bread	Pan
Cashier	Cadro
Chicken	Polo
Coffee	Café
Dessert	Sobremesa
Food	Alimentos
Ingredients	Ingredientes
Kitchen	Cociña
Knife	Coitelo
Meat	Carne
Menu	Menú
Napkin	Pano
Plate	Prato
Reservation	Reserva
Sauce	Salsa
Spicy	Picante
Waitress	Camareira

Restaurant #2
Restaurante #2

Appetizer	Aperitivo
Beverage	Bebida
Cake	Bolo
Chair	Cadeira
Delicious	Delicioso
Dinner	Cea
Eggs	Ovos
Fish	Peixe
Fork	Garfo
Fruit	Froita
Ice	Xeo
Lunch	Xantar
Noodles	Pasta
Salad	Ensalada
Salt	Sal
Soup	Sopa
Spoon	Culler
Vegetables	Verduras
Waiter	Camareiro
Water	Auga

Science
Ciencia

Atom	Átomo
Chemical	Química
Climate	Clima
Evolution	Evolución
Experiment	Experimento
Fact	Feito
Fossil	Fósil
Gravity	Gravidade
Hypothesis	Hipótese
Laboratory	Laboratorio
Method	Método
Minerals	Minerais
Molecules	Moléculas
Nature	Natureza
Observation	Observación
Organism	Organismo
Particles	Partículas
Physics	Física
Plants	Plantas
Scientist	Científico

Science Fiction
Ciencia Ficción

Atomic	Atómica
Books	Libros
Chemicals	Químicos
Cinema	Cine
Distant	Distancia
Dystopia	Distopía
Explosion	Explosión
Extreme	Extremo
Fantastic	Esforzo
Fire	Lume
Futuristic	Futurista
Galaxy	Galaxia
Illusion	Ilusión
Imaginary	Imaxinario
Mysterious	Misterioso
Oracle	Oracle
Planet	Planeta
Technology	Tecnoloxía
Utopia	Utopía
World	Mundo

Scientific Disciplines
Disciplinas Científicas

Anatomy	Anatomía
Archaeology	Arqueoloxía
Astronomy	Astronomía
Biochemistry	Bioquímica
Biology	Bioloxía
Botany	Botánica
Chemistry	Química
Ecology	Ecoloxía
Geology	Xeoloxía
Immunology	Inmunoloxía
Kinesiology	Cinesioloxía
Linguistics	Lingüística
Mechanics	Mecánica
Mineralogy	Mineraloxía
Neurology	Neuroloxía
Physiology	Fisioloxía
Psychology	Psicoloxía
Sociology	Socioloxía
Thermodynamics	Termodinámica
Zoology	Zooloxía

Shapes
Formas

Arc	Arco
Circle	Círculo
Cone	Cono
Corner	Canto
Cube	Cubo
Curve	Curva
Cylinder	Cilindro
Edges	Bordes
Ellipse	Elipse
Hyperbola	Hipérbole
Line	Liña
Oval	Oval
Polygon	Polígono
Prism	Prisma
Pyramid	Pirámide
Rectangle	Rectángulo
Side	Lado
Sphere	Esfera
Square	Praza
Triangle	Triángulo

Spices
Especias

Anise	Anís
Bitter	Amargo
Cardamom	Planta
Cinnamon	Canela
Clove	Dente
Cumin	Comiño
Curry	Curry
Fennel	Fiuncho
Flavor	Sabor
Garlic	Allo
Ginger	Enxebre
Licorice	Alcaçuz
Nutmeg	Noz Moscada
Onion	Cebola
Paprika	Papirón
Pepper	Pimento
Saffron	Azafrán
Salt	Sal
Sweet	Doce
Vanilla	Vainilla

Sport
Deporte

Ability	Capacidade
Athlete	Atleta
Body	Corpo
Bones	Osos
Coach	Adestrador
Cycling	Ciclismo
Dancing	Baile
Diet	Dieta
Goal	Obxectivo
Health	Saúde
Jogging	Correr
Maximize	Maximizar
Metabolic	Metabólica
Muscles	Músculos
Nutrition	Nutrición
Program	Programa
Sports	Deportes
Strength	Forza

The Company
A Empresa

Business	Negocios
Creative	Creativo
Decision	Decisión
Employment	Emprego
Global	Global
Industry	Industria
Innovative	Innovadora
Investment	Investimento
Possibility	Posibilidade
Presentation	Presentación
Product	Produto
Progress	Progreso
Quality	Calidade
Reputation	Reputación
Resources	Recursos
Revenue	Ingresos
Risks	Riscos
Units	Unidades
Wages	Soldo

The Media
Os Medios de Comunicación

Commercial	Comercial
Communication	Comunicación
Digital	Dixital
Edition	Edición
Education	Educación
Facts	Feitos
Funding	Financiamento
Individual	Individuais
Industry	Industria
Intellectual	Intelectual
Local	Local
Magazines	Revistas
Network	Rede
Newspapers	Xornais
Online	En Liña
Opinion	Opinión
Photos	Fotos
Public	Público
Radio	Radio
Television	Televisión

Time
Tempo

Annual	Anual
Before	Antes
Calendar	Calendario
Century	Século
Clock	Reloxo
Day	Día
Decade	Década
Early	Tempo
Future	Futuro
Hour	Hora
Minute	Minuto
Month	Mes
Morning	Mañá
Night	Noite
Noon	Mediodía
Now	Agora
Soon	Pronto
Today	Hoxe
Week	Semana
Year	Ano

Town
Cidade

Airport	Aeroporto
Bakery	Panadería
Bank	Banco
Bookstore	Libreria
Cinema	Cine
Clinic	Clínica
Florist	Florista
Gallery	Galería
Hotel	Hotel
Library	Biblioteca
Market	Mercado
Museum	Museo
Pharmacy	Farmacia
School	Escola
Stadium	Estadio
Store	Tenda
Supermarket	Supermercado
Theater	Teatro
University	Universidade
Zoo	Zoo

Universe
Universo

Asteroid	Asteroide
Astronomer	Astronomo
Astronomy	Astronomía
Atmosphere	Atmosfera
Celestial	Celeste
Cosmic	Cósmico
Darkness	Escuridade
Equator	Ecuador
Galaxy	Galaxia
Hemisphere	Hemisferio
Horizon	Horizonte
Latitude	Latitude
Longitude	Lonxitude
Moon	Lúa
Orbit	Órbita
Sky	Ceo
Solstice	Solsticio
Telescope	Telescopio
Tilt	Inclinar
Zodiac	Zodiaco

Vacation #2
Vacacións #2

Airport	Aeroporto
Beach	Praia
Destination	Destino
Foreign	Estranxeira
Foreigner	Estranxeiro
Holiday	Vacacións
Hotel	Hotel
Island	Illa
Journey	Viaxe
Leisure	Lecer
Map	Mapa
Mountains	Montañas
Passport	Pasaporte
Reservations	Reservas
Sea	Mar
Taxi	Taxi
Tent	Tenda
Train	Tren
Transportation	Transporte
Visa	Visto

Vegetables
Vexetais

Artichoke	Alcachofa
Broccoli	Brócolis
Carrot	Cenoria
Cauliflower	Coliflor
Celery	Apio
Cucumber	Pepiño
Eggplant	Berenxena
Garlic	Allo
Ginger	Enxebre
Mushroom	Cogumelo
Onion	Cebola
Parsley	Perexil
Pea	Ervilha
Pumpkin	Cabaza
Radish	Rabano
Salad	Ensalada
Shallot	Chaloña
Spinach	Espinaca
Tomato	Tomate
Turnip	Nabo

Vehicles
Vehículos

Airplane	Avión
Bicycle	Bicicleta
Boat	Barco
Car	Coche
Caravan	Caravana
Ferry	Balsa
Helicopter	Helicóptero
Motor	Motor
Rocket	Foguete
Scooter	Scooter
Shuttle	Transporte
Submarine	Submarino
Subway	Metro
Taxi	Taxi
Tires	Pneumáticos
Tractor	Tractor
Train	Tren
Truck	Camión
Van	Van

Visual Arts
Artes Visuais

Architecture	Arquitectura
Artist	Artista
Ceramics	Cerámica
Chalk	Xis
Charcoal	Carbón
Clay	Arxila
Composition	Composición
Creativity	Creatividade
Easel	Cabalete
Film	Película
Masterpiece	Obra Mestra
Painting	Pintura
Pen	Pluma
Pencil	Lápiz
Perspective	Perspectiva
Portrait	Retrato
Sculpture	Escultura
Varnish	Verniz
Wax	Cera

Water
Auga

Canal	Canle
Damp	Húmido
Evaporation	Evaporación
Flood	Inundación
Frost	Xeada
Geyser	Géiser
Hurricane	Furacán
Ice	Xeo
Irrigation	Rega
Lake	Lago
Moisture	Humidade
Monsoon	Monzón
Ocean	Océano
Rain	Chuvia
River	Río
Shower	Ducha
Snow	Neve
Steam	Vapor
Waves	Ondas

Weather
O Tempo

Atmosphere	Atmosfera
Breeze	Venta
Climate	Clima
Cloud	Nube
Drought	Seca
Dry	Seco
Fog	Néboa
Hurricane	Furacán
Ice	Xeo
Lightning	Raio
Monsoon	Monzón
Polar	Polar
Rainbow	Arco da Vella
Sky	Ceo
Storm	Tormenta
Temperature	Temperatura
Thunder	Trobo
Tornado	Tornado
Tropical	Tropical
Wind	Vento

Congratulations

You made it!

We hope you enjoyed this book as much as we enjoyed making it. We do our best to make high quality games.
These puzzles are designed in a clever way for you to learn actively while having fun!

Did you love them?

A Simple Request

Our books exist thanks your reviews. Could you help us by leaving one now?

Here is a short link which will take you to your order review page:

BestBooksActivity.com/Review50

MONSTER CHALLENGE!

Challenge #1

Ready for Your Bonus Game? We use them all the time but they are not so easy to find. Here are **Synonyms**!

Note 5 words you discovered in each of the Puzzles noted below (#21, #36, #76) and try to find 2 synonyms for each word.

Note 5 Words from *Puzzle 21*

Words	Synonym 1	Synonym 2

Note 5 Words from *Puzzle 36*

Words	Synonym 1	Synonym 2

Note 5 Words from *Puzzle 76*

Words	Synonym 1	Synonym 2

Challenge #2

Now that you are warmed-up, note 5 words you discovered in each Puzzle noted below (#9, #17, #25) and try to find 2 antonyms for each word. How many lines can you do in 20 minutes?

Note 5 Words from **Puzzle 9**

Words	Antonym 1	Antonym 2

Note 5 Words from **Puzzle 17**

Words	Antonym 1	Antonym 2

Note 5 Words from **Puzzle 25**

Words	Antonym 1	Antonym 2

Challenge #3

Wonderful, this monster   challenge is nothing to you!

Ready for the last one? Choose your 10 favorite words discovered in any of the Puzzles and note them below.

1.	6.
2.	7.
3.	8.
4.	9.
5.	10.

Now, using these words and within a maximum of six sentences, your challenge is to compose a text about a person, animal or place that you love!

Tip: You can use the last blank page of this book as a draft!

Your Writing:

Explore a Unique Store
Set Up **FOR YOU!**

BestActivityBooks.com/**TheStore**

Designed for Entertainment!

Light Up Your Brain With Unique **Gift Ideas**.

Access **Surprising** And **Essential Supplies!**

CHECK OUT OUR MONTHLY SELECTION NOW!

- Expertly Crafted Products -

NOTEBOOK:

SEE YOU SOON!

Linguas Classics Team

BESTACTIVITYBOOKS.COM/FREEGAMES